Think Green!
Love Lohas!

자연과 사람을 공경하는
당신이 아름답습니다!

인간과 지구는 함께 살아가는 동반자입니다.
살림로하스는 개인의 건강뿐만 아니라 사회의 건강, 자연의 건강을 추구합니다.
잘 먹고 잘 사는 웰빙을 넘어 인류와 지구를 생각하는 작지만 큰 실천을 담고 있습니다.
지구도 살고 인간도 사는 로하스 라이프!
작은 습관의 변화가 큰 변화를 만들어 냅니다.

| 일러두기 |

1. 먹을거리의 기본은 맛입니다. 몸에 좋은 먹을거리도 맛이 있어야 즐겁습니다.
   살림로하스는 좋은 재료 자체의 맛을 살리는 최소한의 레시피로 건강한 맛을 추구합니다.

2. 모든 먹을거리는 믿을 수 있는 재료로 만든 건강한 요리여야 합니다.
   살림로하스의 모든 레시피는 몸에 좋지 않은 것은 아무것도 넣지 않아 걱정 없이 즐길 수 있습니다.

3. 이유식을 만들 때는 정확한 무게를 재는 것이 중요합니다. 어른 음식을 만들 듯
   어림짐작으로 양을 조절해 만들면 아기가 소화하기 어려울 수 있으니 꼭 저울을 사용하세요.

4. 가정마다 불의 세기가 다르므로 재료를 끓이거나 익히는 시간 또한 달라집니다.
   레시피에 나온 시간을 참고하여 요리하되, 밥알이나 재료가 으깨지는 정도를 파악하고 적절하게 시간을 가감하세요.

5. 이 책의 이유식은 모두 아기가 한 번 먹을 분량을 기준으로 만들었습니다.

제철 음식으로 척척!
우리 아이 열두 달 자연 이유식

윤승일

살림Life

에코人이 함께 만든 책!
먼저 읽어 봤어요!

박신헌 | 경기도 안성시 보개면

지금까지와는 사뭇 다른 이유식 책이 나왔네요. 처음 목차를 본 순간부터 내용이 매우 유익하리라 생각했는데 역시 새롭고 알찹니다. 콩, 육류, 달걀에 대한 찬반 논란 및 모유를 수유하는 엄마들이 먹으면 좋은 음식 등, 기존의 이유식 책에서 보지 못했던 내용이 가득 담겨 있습니다. 무엇보다 이유식 레시피를 전통적인 식단 기준으로 짠 점이 참 좋았습니다. 복잡한 조리법과 안전성이 떨어지는 재료를 쓰는 기존 서적에 믿음이 가지 않는 분들이라면 이 책이 큰 도움이 될 것입니다.

문서연 | 서울시 구로구 구로동

이유식 책은 많이 보았지만 다달이 제철 재료를 이용한 책은 처음이라 새롭게 느껴집니다. 영양분이 풍부하고 값도 저렴한 제철 채소와 과일, 생선으로 이유식을 만든다니, 주부 입장에서는 반가운 얘기가 아닐 수 없네요. 레시피가 적은 것이 안타까울 정도입니다. 요리도 좋지만 이유식에 대한 설명도 좋았습니다. 처음 이유식을 시작하는 아기 엄마들은 이것저것 신경 쓰이는 것도 많고 궁금한 것도 많은데 책 초반부에 이유식에 대한 설명을 자세히 실어 많은 도움이 되네요.

김세정 | 서울시 성동구 행당동

아토피와 알레르기가 만연한 요즘, 아기들에게 음식 하나 주기도 무섭습니다. 신생아 시기는 모유만 주면 되지만 슬슬 이유식을 시작할 때가 오면 갑자기 겁이 나기 시작하지요. 이 책은 일반 이유식은 물론 아토피 및 알레르기 체질의 아이가 먹어도 괜찮은 레시피가 담겨 있어 엄마 입장에서 안심이 되네요. 단순한 미음, 죽에서 벗어나 핑거푸드나 푸딩 등, 새로운 메뉴를 실은 점도 좋고, 이유식에 대한 기본적인 정보는 물론 실전 조리법에 대한 내용까지 알차게 담은 것도 마음에 쏙 듭니다.

「살림로하스」 원고 모니터링에 참여해 주신 한살림, 파주두레생협, 마포두레생협 조합원 100여 분께 감사드립니다.

들어가는글

엄마의 사랑을 듬뿍 담은 이유식으로 평생 건강을 선물하세요

아기는 출생 후 1년 동안 많은 변화를 겪습니다. 특히 생후 4개월이 지나는 시점은 아기의 뇌가 활발히 발달하는 때로, 지능과 정서 및 신경 발달에 매우 중요한 시기입니다. 이즈음에 접어들면 아기들은 급격한 성장과 함께 많은 영양분을 필요로 합니다. 모유만으로는 영양이 부족한 이때, 아기들은 첫 이유식을 접하게 됩니다.

이유식을 한다는 것은 아기가 스스로 음식을 먹는 단계에 들어섰다는 것을 의미합니다. 액체인 모유에서 벗어나 덩어리진 음식을 삼키며 조금씩 어른에 가까워지는 것이지요. 그런데 언제쯤이 이유식을 주기 좋은 시기일까요? 이 질문에는 일괄적인 답변을 하기 어렵습니다. 아이마다 발달 속도가 천차만별이기 때문입니다. 그러니 이유식을 언제 시작할지, 어떤 음식을 줄지는 순전히 엄마의 선택에 달렸다고 해도 과언이 아닙니다.

아기가 먹는 이유식은 곧 아기의 건강으로 직결됩니다. 특히 첫 음식은 면역력은 물론 평생 식습관에도 큰 영향을 미치지요. 그래서 엄마들은 많은 고민을 거듭합니다. 인터넷의 경험담을 탐독하는가 하면 이웃의 의견을 묻기도 하고 혼자서 책을 보며 정보를 습득하기도 하지요. 그래도 결론을 내기 어려울 때가 많습니다. 다른 아이에게 맞는 것이 내 아이에게도 맞으리란 보장이 없을뿐더러 과학은 발전하기 마련이고 지식은 순식간에 갱신되기 때문입니다.

이 책은 이유식에 대한 획일화된 '정답'을 제시하는 책이 아닙니다. 얼굴도 성장 속도도 제각각인 아이들에게 딱 맞는 이유식을 엄마 스스로 찾아낼 수 있도록 도움을 주는 책이지요. 이유식에 많이 쓰이는 채소에 대한 불편한 진실도, 콩, 고기, 우유, 달걀 등 이유식 재료에 대한 찬반 논란도 그대로 실었습니다. 내용을 읽고 판단하는 것은 엄마 몫이니까요. 아이를 위한 정보를 꽉꽉 채워 넣었으니 여러 의견을 비교해서 살펴보십시오.

이유식 책에서 가장 중요한 것은 요리 소개이므로 실전 요리법도 신경을 써서 배치했습니다. 초기, 중기, 후기, 완료기의 모든 이유식을 선보이되 쉽고 빠르게 만들 수 있는 것만 소개했습니다. 시기별로 아기의 뇌 상태와 소화 기능을 고려하는 조리법을 담았으니 꼭 아기의 발달 시기에 맞추어 주세요. 일 년 열두 달, 계절의 순환 주기에 맞추어 월별로 가장 싱싱하고 영양가 높은 제철 재료를 이용했다는 점도 큰 강점입니다. 제철을 맞은 당근 하나로, 시금치 하나로 쉽게 만들 수 있는 이유식이라 간편하고 영양가가 높으며 재료비도 절감할 수 있습니다.

아이가 이유식을 뱉어 내고 울어 젖히면 엄마들은 지레 겁을 먹고 고민하지요. 하지만 너무 걱정할 필요는 없습니다. 조금만 더 끈기 있게 주다 보면 아이가 곧 받아먹을 테니까요. 초기 이유식은 4개월에 시작하고 고기는 6개월부터 주라는 식의 공식은 잊으십시오. 조바심을 버리고 아이의 성장에 맞추어 천천히, 자연에서 온 재료로 정성껏 만든 이유식이 가장 훌륭한 이유식일 테니까요.

윤승일

한눈에 보는 레시피

초기

쌀미음 47

찹쌀분유죽 48

당근암죽 48

시금치미음 49

양배추응이 49

중기

미역죽 53

양상추찹쌀죽 61

양배추죽 69

양파포타주 79

애호박죽 87

브로콜리죽 95

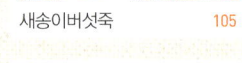
새송이버섯죽 105

사과쌀수프 113

연근쌀수프 121

흰살생선죽 129

당근죽 137

시금치죽 143

후기

미역채소진밥 55

양상추소고기진밥 63

양배추조기살죽 71

양파닭고기진밥 80

애호박소고기무른밥 89

브로콜리단호박죽 97

느타리버섯소고기진밥 107

사과무른밥 115

연근배진밥 123	흰살생선양송이버섯진밥 131	당근닭살경단 138	시금치영양죽 144

완료기

미역주먹밥 56	미역가자미찜 58	양상추닭고기탕 64	양상추흰살생선샐러드 67
양배추닭고기전 72	양배추호두볶음밥 75	양파그라탱 83	양파미니햄버그스테이크 84
애호박쌀국수볶음 90	애호박닭살수제비 93	브로콜리참외비빔밥 98	브로콜리흰살생선탕 101
새송이버섯밤수프 108	표고버섯덮밥 111	사과파이 116	사과참다래볶음밥 119
연근닭고기조림덮밥 124	연근탕수 125	흰살생선채소국밥 132	흰살생선당근조림 135
당근정어리주먹밥 139	당근푸딩 140	시금치롤 146	시금치오믈렛 147

Contents
차례

Chapter 1
초보 엄마가 알아야 할 이유식의 기초

- 12 이유식, 왜 해야 할까?
- 14 이유식, 무엇부터 먹일까?
- 16 이유식 논란 음식, 콩, 달걀, 고기 찬반 토론
- 20 아토피, 알레르기를 아기를 위한 이유식 원칙
- 22 이유식에 관한 잘못된 상식
- 24 모유 먹이는 엄마를 위한 영양 챙기기
- 26 이유식 Q&A
- 28 **TIP** 아기의 반사로 알아보는 신경 발달

Chapter 2
이유식 실전 조리법

- 32 월령별 이유식 포인트
- 34 이유식 재료 선택 및 손질법
- 36 이유식 기본 조리법
- 38 직장맘도 간단! 이유식용 천연 국물 & 가루 양념
- 41 똑똑한 기능성 이유식
- 47 우리 아기 첫 이유식, 미음

Chapter 3 푸릇한 봄기운을 담다, 봄 이유식

3월의 제철 식재료 · 미역
- 53 미역죽 중기
- 55 미역채소진밥 후기
- 56 미역주먹밥 완료기
- 58 미역가자미찜 완료기

4월의 제철 식재료 · 양상추
- 61 양상추찹쌀죽 중기
- 63 양상추소고기진밥 후기
- 64 양상추닭고기탕 완료기
- 67 양상추흰살생선샐러드 완료기

5월의 제철 식재료 · 양배추
- 69 양배추죽 중기
- 71 양배추조기살죽 후기
- 72 양배추닭고기전 완료기
- 75 양배추호두볶음밥 완료기

Chapter 4 활기찬 생명력이 가득, 여름 이유식

6월의 제철 식재료 · 양파
- 79 양파포타주 중기
- 80 양파닭고기진밥 후기
- 83 양파그라탱 완료기
- 84 양파미니햄버그스테이크 완료기

7월의 제철 식재료 · 애호박
- 87 애호박죽 중기
- 89 애호박소고기무른밥 후기
- 90 애호박쌀국수볶음 완료기
- 93 애호박닭살수제비 완료기

8월의 제철 식재료 · 브로콜리
- 95 브로콜리죽 중기
- 97 브로콜리단호박죽 후기
- 98 브로콜리참외비빔밥 완료기
- 101 브로콜리흰살생선탕 완료기

Chapter 5 면역력을 높이는 가을 이유식

9월의 제철 식재료 · 버섯
- 105 새송이버섯죽 중기
- 107 느타리버섯소고기진밥 후기
- 108 새송이버섯밤수프 완료기
- 111 표고버섯덮밥 완료기

10월의 제철 식재료 · 사과
- 113 사과쌀수프 중기
- 115 사과무른밥 후기
- 116 사과파이 완료기
- 119 사과참다래볶음밥 완료기

11월의 제철 식재료 · 연근
- 121 연근쌀수프 중기
- 123 연근배진밥 후기
- 124 연근닭고기조림덮밥 완료기
- 125 연근탕수 완료기

Chapter 6 몸속까지 든든한 겨울 이유식

12월의 제철 식재료 · 흰 살 생선
- 129 흰살생선죽 중기
- 131 흰살생선양송이버섯진밥 후기
- 132 흰살생선채소국밥 완료기
- 135 흰살생선당근조림 완료기

1월의 제철 식재료 · 당근
- 137 당근죽 중기
- 138 당근닭살경단 후기
- 139 당근정어리주먹밥 완료기
- 140 당근푸딩 완료기

2월의 제철 식재료 · 시금치
- 143 시금치죽 중기
- 144 시금치영양죽 후기
- 146 시금치롤 완료기
- 147 시금치오믈렛 완료기

Chapter 1

초보 엄마가 알아야 할 이유식의 기초

이유식은 엄마 젖으로는 채울 수 없는 영양분을 공급한다. 아기는 이유식을 통해 음식물을 씹는 법을 배우며 뇌 기능도 발달시키고 시각적 자극과 감각적 자극을 동시에 경험한다. 아이들의 미각과 감성, 그리고 성장과 발달에 도움을 주는 이유식에 대한 기본적인 정보를 모았다.

이유식, 왜 해야 할까?

아기는 세상에 태어난 첫 1년 동안 가장 빠른 성장과 발달을 보이는데, 6개월이 되면 체중이 두 배 이상 늘어날 정도다. 아이의 성장 속도에 맞추어 영양을 공급하려면 젖이나 분유만으로는 부족한 시기가 온다.

출생 26주, 우리 아이 이유식 스타트!

출생 후 26주가 되면서 아기는 모유뿐만 아니라 이유식도 소화할 수 있는 능력이 생긴다. 이전까지는 모유나 분유로도 충분했지만, 쑥쑥 자라는 이 시기가 되면 반드시 이유식을 통해 영양 공급을 해 주어야 한다. 그러나 지레 겁먹어 서두를 필요는 없다. 17주가 될 때까지는 이유식이 불필요하며 오히려 해가 될 수 있기 때문이다. 소화기관과 면역 체계가 덜 성숙한 시기에 이유식을 하다가는 오히려 알레르기나 면역 문제 혹은 발달 장애를 일으킬 수도 있다.

뇌 발달을 돕는 이유식

아기에게 첫 이유식은 무척이나 어려운 과제다. 액체 상태의 모유나 분유를 입술로 빨아 먹다가 난생처음 접하는 음식물을 혀와 잇몸을 통해 오물오물 씹어 삼켜야 하니 말이다. 아기는 이유식을 통해 음식을 입에 넣은 후 혀를 움직여 뒤로 보내고 삼키는 과정을 충실히 배워 나간다. 혀의 움직임과 삼키는 모든 동작은 뇌신경에 의해서 작동된다. 액체가 아닌 반고형식을 먹는 행동은 뇌기능을 적절히 발달시켜 준다.

오감을 만족하게 하는 이유식

이유식에 적응하는 동안 아기는 다양한 신경 발달을 겪는다. 만지고 냄새 맡고 입술이나 볼, 혀를 움직이며 핥거나 삼키는 등 여러 근육과 신경을 사용한다. 이런 뇌신경 발달이 너무 이르거나 늦어지면 자폐증, 자폐 스펙트럼장애, 전반적 발달 장애, 아스퍼거 증후군, 틱 장애, 주의력 결핍 증후군 등에 걸릴 위험이 커진다.

 이유식을 원하는 아이의 사인

분유나 모유에서 벗어나 다른 음식에 대한 욕구가 생긴 아기는 엄마에게 이유식을 달라는 사인을 보낸다. 평소와 달리 모유나 분유를 잘 안 먹고 전에는 밤에 푹 잤는데 갑자기 새벽에 깨서 먹을 것을 보채거나 전과 달리 먹을 것에 더욱 관심을 보이는 일이 잦아진다면 아기가 이유식을 바라고 있다고 봐도 무방하다.

이유식, 무엇부터 먹일까?

이유식의 기본은 쌀죽이다. 문제는 그다음 순서. 이유식 순서는 책마다 달라 엄마들을 당황하게 한다. 알쏭달쏭한 이유식 순서에 대해 정리하고 식재료별 주의점을 살폈다.

첫 이유식은 쌀미음

처음 이유식을 시작할 때는 쌀이나 찹쌀, 발아현미 위주로만 미음을 만들고 일주일 정도 먹여 본다. 아기가 잘 받아먹으면 다른 재료를 한 가지씩 추가해 보며 추이를 살핀다. 아기가 이유식에 익숙하지 않을 때는 한 가지 식품을 일주일 정도 먹이는 것이 원칙이다. 쌀이 아닌 곡식들은 글루텐 단백질의 알레르기 유발 인자 때문에 권장하지 않는다. 참고로 발아현미로 이유식을 만들 때는 하루 동안 물에 담가 충분히 불려서 아기가 정상적으로 소화, 흡수시킬 수 있도록 도와주는 것이 좋다.

쌀미음에 익숙해졌다면 채소 → 과일 → 생선 → 고기 순으로

쌀미음 후에는 채소를 먹이고, 그 후에 과일을 먹게 한다. 다음에는 흰 살 생선을 주고 나중에 소고기나 닭고기를 먹이는 것이 기본적인 이유식 순서다. 달콤한 과일이나 고소하고 기름진 고기를 너무 일찍 맛 들여 놓으면 나중에 채소나 생선을 먹지 않을 수 있으니 주의한다. 아기가 10개월이 될 때까지 고기와 과일, 채소를 골고루 먹이되 한 번에 한 가지씩만 주면서 아기의 반응을 살피는 것이 좋다. 피부 발진이 생기거나 설사나 변비가 계속된다면 아기에게 아직 맞지 않는 음식이니 무리해서 주지 않는다.

과일, 달콤한 유혹

과일은 지나친 과당 탓에 아기의 혈당 조절 기능을 방해할 수 있다. 또한 당분이 많으면 장 속에 곰팡이가 번식하면서 피부가 나빠지거나 변비나 설사가 생기고 심할 경우 신경학적 발달 장애를 가져오기도 한다. 만약 과일의 단맛에 길들어 단 음식만 찾는다면 소아비만이나 소아당뇨를 유발할 수도 있으니 이유식으로 줄 때는 사과, 복숭아, 키위, 배 등의 당지수가 낮은 과일부터 먹이는 것을 권한다. 바나나와 파인애플, 포도, 수박은 당지수가 너무 높아 이유식에 적합하지 않다. 특히 아밀라아제 효소가 풍부한 바나나는 설사나 변비를 부를 수 있으니 적어도 6개월 후부터 먹이는 것이 좋다. 과일 대신 시판용 과일주스를 먹이는 것은 위험하다. 과일주스의 질적 문제뿐 아니라 필요 없는 첨가제 때문에 당 조절 기능에 문제가 생기거나, 신경 흥분, 알레르기 등을 일으킬 수 있다.

 발아현미, 왜 하룻밤 물에 담가야 할까

싹이 튼 곡식은 비타민C가 많이 생성되고 비타민B$_1$, B$_2$, B$_5$, B$_6$ 함유량도 덩달아 높아지며 곡식 속의 곰팡이로 인한 독소도 사라져 싹 트기 전보다 좋다. 그러나 모든 곡식의 외피에 존재하는 피트산이 발아 과정을 통해 소화되기 좋은 형태로 바뀌어 영양분의 장내 흡수를 방해하고 소화 장애를 일으킨다. 피트산을 억제하려면 발아한 곡식을 최소한 12시간 정도 물에 불린 뒤 섭취해야 한다.

이유식 논란 음식,
콩, 달걀, 고기 찬반 토론

유전자조작, 항생제 남용, 지나친 지방 등의 비판을 받으며 뜨거운 논란의 중심에 선 콩, 달걀, 고기. 성인 식탁에서는 이 세 식품을 대신한 채소와 과일이 판정승을 거두었지만, 이유식에서만큼은 얘기가 다르다. 자라나는 아이들에게는 영양가 높은 음식을 주어야 한다는 쪽과 처음부터 이 세 가지 식품의 섭취를 제한해야 한다는 쪽, 팽팽한 양쪽의 주장을 들어 보자.

콩, 인정받은 장수 식품 vs. 호르몬 불균형 초래

찬성 콩은 아이의 발육을 돕고 두뇌를 활성화한다. 콩에 든 풍부한 단백질과 탄수화물은 소고기에 뒤지지 않아 고기의 위생 문제로 고민하는 엄마들에게 인기 있는 단백질원으로 꼽힌다. 콩에는 필수아미노산과 불포화지방산뿐만 아니라 곡물에 부족하기 쉬운 라이신도 들어 있다. 탁월한 항암 작용과 성인병 예방 효과로 세계인의 장수 식품으로 꼽히는 콩을 굳이 마다할 이유는 없다. 이유식에는 검은콩과 완두콩을 주로 사용한다. 콩으로 만든 대표적인 식품인 두부도 영양가가 풍부하고 소화 및 흡수율이 높아 아이에게 먹이면 좋다.

반대 콩은 아기에게 위험할 수 있다. 콩 속의 피트산은 장에서 미네랄, 특히 아연의 흡수를 방해하기 때문에 아기의 성장 발육을 저해한다. 더불어 콩이나 두유가 흡수될 때 나오는 신경 흥분 성분인 글루탐산과 아스파탐산은 뇌로 들어가 신경세포를 파괴할 수 있다. 콩 속의 이소플라본 역시 문제다. 식물성 에스트로겐 유사 물질인 이소플라본은 갑상선 기능을 억제하며 호르몬 변이를 일으킨다. 남자아이들은 생후 6개월간 남성으로서의 생식능력과 뇌 발달 등의 과정이 프로그램화되는데, 이때 콩류를 다량 섭취하면 남성화 과정에 문제를 일으킬 수 있다. 여자아이들도 콩을 많이 먹으면 조기에 성적인 징후가 나타날 수 있다. 그러므로 적어도 태어난 후 2년이 되기 전까지는 콩 관련 식품은 주지 않는 게 좋다.

달걀, 노른자는 두뇌 발달 필수 음식 vs. 노른자와 흰자 모두 위험

찬성 소화가 힘든 단백질로 구성된 달걀흰자는 돌 이후에 먹이는 것이 바람직하지만, 달걀노른자는 4~6개월 사이에 시작하는 것이 좋다. 콜레스테롤이 높다고 달걀노른자를 먹이지 않는 경우가 있는데 콜레스테롤은 아기의 뇌 발육과 부신 발달을 위해 반드시 필요한 영양소다. 또한 노른자에 든 황 성분의 아미노산은 간의 해독 작용을 돕고 관절까지 보호하는 효과가 있어 음식을 처음 접하는 아이와 활동량이 많은 아이에게 매우 유용하다. 뇌세포 발달에 영향을 미치는 콜린이라는 아미노산도 하루에 달걀 하나로 간단히 채울 수 있다. 방목한 닭에서 나온 유정란은 모유의 성분처럼 오메가3 불포화지방이 많아 영양 면에서 유익하다.

반대 아토피가 있거나 신체와 신경 발달이 잘 안 된 아이들은 대부분 달걀흰자에 알레르기 반응을 보였다. 따라서 이유식 기간에는 되도록 달걀흰자를 주지 않는 것이 낫다. 달걀노른자도 안전한 것은 아니다. 닭이 먹는 사료에 들어 있는 항생제를 비롯한 온갖 화학약품은 고스란히 달걀에 축적되고, 아이의 몸 안에 쌓이게 된다. 달걀에 함유된 너무 많은 단백질도 문제다. 단백질을 과다하게 섭취하면 대사 과정에서 칼슘이 소모되어 한창 뼈가 형성되는 아이들에게 위험할 수 있다.

고기, 조금씩 주면 문제없어 vs. 육식보단 가벼운 채식을

찬성 고기는 우리 몸의 뼈와 살을 만드는 성분인 양질의 단백질과 철분을 제공하는 중요한 공급원이다. 모유에는 철분이 적게 들어 있기 때문에 이유식 시기에는 반드시 고기를 먹어야 한다. 고기에 든 헴철 형태의 철분은 채소의 철분보다 흡수율이 높아 빈혈 예방에 좋다. 소고기에는 철분과 지방, 단백질뿐 아니라 카르니틴, 비타민, 미네랄 성분들이 들어 있어 이유식에 접어든 아기들에게 필수적인 식재료다. 이유식에는 주로 곡류를 사료로 쓰는 국산이나 미국산 소고기보다 풀을 뜯는 호주산 소고기를 사용한다. 청정 자연에서 풀을 먹고 자란 호주산 소고기에는 미네랄과 CLA(Conjugated Linoleic Acid, 공액리놀레산)성분이 풍부해서 비만이나 당뇨, 암 등을 예방하며 면역력을 높이는 장점이 있다.

반대 단백질과 지방, 철 보충을 위해 고기를 주어야 한다는 주장에 따르면 고기는 이 세 가지 요소가 많이 포함된 최고의 식단이다. 그러나 이 영양소들은 채소와 곡류를 골고루 먹는 것으로도 충분히 채울 수 있다. 오히려 고기는 지방과 단백질의 구성비가 지나치게 높아 비만을 불러일으킬 수 있다. 게다가 소, 돼지, 닭 등의 가축에는 집단 사육으로 인한 치명적인 전염병의 위험이 항상 존재한다. 조류독감, 구제역, 광우병 등이 그 대표적인 예다. 이 고기가 사람에게 들어와서 어떠한 영향을 미치는지는 아무도 모른다. 또 이런 전염병 예방을 위해 동물들에게 무차별적으로 접종하거나 살포하는 항생제와 화학약품이 고기에 차곡차곡 쌓인다는 사실도 잊지 말아야 한다.

주의해야 할 기타 식품 • • •

우유, 완전식품의 신화가 깨지다
우유를 저온 내지 고온 살균하면 우유 속 단백질에 변성이 일어나면서 문제를 일으킨다. 살균 처리한 우유를 자주 먹으면 골다공증, 관절염, 심장병, 종양, 치아 손상, 이유 없는 복통, 여성호르몬 질환, 면역력 저하, 발달 장애 등을 초래할 수도 있다. 아기에게는 적어도 출생 후 1년 동안 우유나 유제품 대신 모유를 먹이는 것이 좋다.

토마토, 감자 등의 가짓과 열매는 일단 금지
가짓과에 속하는 감자, 토마토 등은 맥박, 호흡, 혈압을 안정시키는 아세틸콜린의 합성을 억제한다. 따라서 가짓과 음식을 많이 섭취하면 호흡이 빨라지고 쉽게 흥분하며 위와 장에 문제가 생길 수 있다. 토마토에는 항암 작용과 항산화 작용을 하는 리코펜 성분이 풍부하지만, 솔라닌이라고 불리는 독성도 있어 많이 섭취하면 관절통, 장의 가스, 방광 질환, 동공 확대, 구강 건조증, 피부 발진, 체중 증가, 만성 피로 등의 증상이 나타난다.

의외의 복병, 곡식
곡식에 든 글루텐 단백질은 장에서 흡수, 분해가 잘 안 되기 때문에 일정량 이상 먹으면 환각 작용과 유사한 부작용이 생길 수 있다. 심한 경우 설사, 신경 발달 장애, 간질 발작, 관절 질환, 복통, 손톱 갈라짐 등이 나타나기도 한다. 특히 면역력이 약하거나 선천적으로 장 기능이 약한 아기에게 민감한 반응을 일으킨다. 글루텐은 주로 밀, 호밀, 귀리, 보리, 옥수수 등에 많이 들어 있다. 글루텐 걱정 없이 먹여도 되는 곡식은 쌀, 발아현미, 찹쌀 등이다.

아토피, 알레르기 아기를 위한 이유식 원칙

흔히 '환경병'이라고 불리는 아토피와 알레르기는 생활환경, 습관, 음식물 등에 영향을 많이 받는다. 특히 이제 막 이유식을 시작한 생후 5~6개월의 아기라면 음식물에 따라 알레르기나 아토피가 발생할 수 있으니 주의해야 한다.

아토피, 알레르기의 원인은 소화기에 있다

단백질 음식은 위와 췌장에서 아미노산으로 잘게 부서져 소장에서 흡수된다. 그러나 위산이나 펩신, 췌장 단백질 분해 효소 등이 선천적으로 부족하면 아미노산으로 부서지지 못한 큰 입자가 소장의 벽을 자꾸만 건드리게 되면서 장벽에 파열이 생긴다. 분해되지 않은 단백질의 큰 입자가 균열이 생긴 장벽 내로 들어가면 면역세포나 비만세포가 자극을 받아 히스타민이 분비되는데, 혈액을 통해 전신으로 퍼진 히스타민이 피부 아토피나 비염, 기관지천식, 두통, 복통 등의 증상을 일으킨다.

알레르기, 아토피 아기 알아보기

알레르기나 아토피는 몇 가지 의심 증상을 보이므로 아이의 상태를 잘 살피는 것이 중요하다. 아이가 모유나 이유식을 갑자기 먹지 않거나, 가려움증을 느끼고 피부에 딱지, 진물, 두드러기, 붉은 반점 등이 나타나는 경우 알레르기를 의심해 보아야 한다. 또 대변에서 평소에 나지 않던 냄새가 나거나 설사나 변비가 생기고, 밤에 숙면을 취하지 못하며 우는 일이 잦아지거나, 재채기를 자주 하고 콧물을 흘릴 때도 주의해야 한다. 혈액검사를 통해서 외부 환경에서 오는 알레르기 인자를 확인할 수 있고, 음식 알레르기도 알아낼 수 있다.

알레르기 아기를 위한 이유식 원칙

흔히 문제를 일으키는 음식은 밀가루, 우유, 달걀흰자, 옥수수, 콩, 땅콩, 두유, 돼지고기, 갑각류, 포도나 오렌지 등이다. 수유 중인 엄마도 이러한 음식들을 최소한 6개월 동안은 먹지 말아야 한다. 알레르기를 일으키지 않는 음식으로 알려진 것이라도 체질에 따라 문제를 일으킬 수 있다. 만일 아기가 분유나 이유식을 먹고 이상 증세를 보이면, 일단 그 음식을 며칠 동안 중단한다. 그 후 아기의 몸 상태가 서서히 개선되면 그 음식은 아기에게 맞지 않는 것이다. 아이의 몸 상태가 호전되었다고 해도 8주까지는 해당 음식을 주지 말고 그 후에는 아주 소량씩 먹여 보아 별다른 증상을 보이지 않으면 먹여도 된다.

알레르기, 아토피 주의 음식

땅콩 • 땅콩을 일찍 먹이면 알레르기가 발생하고, 이 알레르기는 평생 없어지지 않으니 3세 이후에 먹인다.

메밀 • 우리나라 사람에게는 메밀 알레르기가 많다. 따라서 아기에게 메밀로 만든 음식은 두 돌 이후에 먹인다.

밀가루 • 밀가루의 글루텐이 알레르기를 일으킬 수 있으니 밀가루는 돌 이후부터 먹인다.

감귤류, 딸기, 토마토 • 과일 중 의외로 알레르기 반응 확률이 높은 것들이다. 이런 과일은 돌 이후에나 먹인다.

우유 • 우유의 락토글로불린, 유장, 카세인 등은 알레르기를 일으킬 수 있으니 생우유는 돌 이후부터 먹이는 것이 좋다.

조개 • 조개는 돌 이후에 아기의 상태를 봐 가면서 먹인다. 조개 알레르기 또한 평생 갈 수 있다.

심해어 • 연어, 대구 등의 심해어는 8~9개월 정도에 이유식으로 먹일 수 있지만, 태열이나 아토피, 집안에 알레르기 병력이 있는 아기에게는 되도록 먹이지 않는다.

이유식에 관한 잘못된 상식

이유식은 아이의 평생 건강을 좌우할 수 있는 중요한 음식이므로 잘못된 지식에 휘둘려 실수하게 되면 그 피해가 어마어마하다. 이유식에 관한 잘못된 상식과 그 진실을 파헤쳐 보자.

식품첨가물이 안 들어간 친환경 이유식 제품은 괜찮다?

조리가 완료된 친환경 이유식 제품보다는 엄마가 집에서 만든 이유식이 더 깨끗하고 영양가도 높다. 아무리 친환경을 내세운다 하더라도 엄마가 일일이 조리 과정이나 식재료 선정 등에 관여하지 않기 때문에 신뢰하기 어렵다. 게다가 라벨에는 표기가 없어도, 식품첨가물이 들어갔을 가능성도 있다. 면역력이 약한 아기를 위해서라면 조리된 완제품보다는 엄마가 만든 '집 이유식'을 먹이도록 한다.

모유는 이유식과 함께 과감하게 끊기 시작한다?

이유식을 시작했다고 갑자기 모유를 끊는 것은 금물이다. 부득이한 사정으로 모유가 나오지 않는다면 모를까 최소 6개월은 반드시 모유를 먹이도록 하고, 젖이 나온다면 나올 때까지, 아이가 거부하기 전까지 계속 먹이는 게 좋다. 초기 6개월간 모유를 통해 단백질을 흡수한 아기는 그 후 지속적으로 모유와 이유식을 통해 양질의 단백질을 공급받아야 한다. 모유에는 단백질 말고도 무수한 영양소가 가득하며, 질병이나 기생충 등으로부터 면역력을 쌓도록 도와주기도 한다. 출생 후 일 년 동안 모유를 충분히 섭취하지 못하면 성인이 되어 암, 당뇨, 치매, 우울증 등의 질병에 걸릴 확률이 높다는 보고도 있다.

액체류는 모두 빨대로 먹이는 습관을 들인다?

이유식 중반에 접어들면 액체로 된 음식을 줄 때 빨대가 붙은 용기에 주는 경우가 많다. 하지만 이 시기에 빨대만 사용하는 습관을 들이면 손으로 컵을 기울이고 입으로 액체를 받아 마시는 방법을 익히지 못한다. 또 빨대가 붙은 용기를 줄곧 가지고 다니며 빨대를 잘근잘근 물거나 하면 아이의 치열은 물론 치아 성장이 나빠질 수 있다. 적어도 돌이 지나면 서서히 빨대 대신 컵으로 먹을 수 있도록 유도한다.

모유 먹이는 엄마를 위한 영양 챙기기

출생 후 몇 달 동안은 아기에게 가장 중요한 시기이며 이때 모유의 역할은 지대하다. 엄마가 선사하는 모유야말로 아기의 일생을 좌우하는 영양이 되기 때문이다. 모유를 만들어 내는 엄마가 음식과 영양을 충분히 챙겨서 먹지 않는다면 모유의 질은 당연히 떨어지게 마련이다. 자신을 위해서, 그리고 아이를 위해서 모유 수유하는 엄마들이 꼭 챙겨야 할 영양 정보를 모았다.

수유하는 엄마의 필수 음식, 동물성 식품
수유 중인 산모는 비타민B_{12}, A, D, 아연이 풍부한 고기나 유기농 달걀, 생선 등을 충분히 섭취해야 한다. 비타민B_{12}가 부족하면 아기의 뇌세포 발달이 더뎌지고 말초신경 성장이 지연된다. 게다가 아기 빈혈이 올 수 있으며, 심장도 약해진다. 비타민A는 시력과 기관지, 방광을 보호하고 면역을 키워 주면서 항산화 작용을 하기 때문에 감기나 기관지염, 알레르기성 비염, 아토피성 피부 질환을 예방한다. 비타민D는 뼈의 성장과 함께 심혈관 보호, 신경 발달 등에 관여하기 때문에 신생아에게 더더욱 필요한 영양소라 볼 수 있다. 필수적 미네랄인 아연은 면역력과 소화 기능 강화, 두뇌 발달에 큰 도움이 된다.

더 안전하고 깨끗한 음식을 선택
임신 중이거나 출산 후 수유 중이면 가능한 한 유기농 음식이나 깨끗한 음식을 먹어야 농약이나 유해 독소들로부터 안전할 수 있다. 산모는 많은 양의 음식을 섭취하기보다는 좋은 재료로 만든 음식을 적당량 섭취하고 패스트푸드, 기름진 음식, 청량음료, 인스턴트식품 등은 먹지 않는 것이 좋다. 흰쌀, 설탕, 소금, 화학조미료 등의 섭취도 자제한다.

무리한 다이어트는 금물
요즘 엄마들은 출산 후 몸매 관리를 위해 곧바로 다이어트에 돌입하는 경우가 있는데, 이는 산모나 아기 모두에게 좋지 않다. 엄마가 음식물을 줄이고 굶으면 수유할 때 아기에게 가는 영양분도 줄어 영양 불균형이나 결핍을 가져올 수 있다. 살을 빼고 싶다면 적절한 운동을 통해서 감량할 것을 권한다. 아기를 임신한 10개월, 출산 후 1년은 아기를 위해 엄마의 희생이 필요한 시기이니 조금만 더 여유를 가져 보자.

 모유를 늦게까지 수유해야 하는 8가지 이유

1 아기의 평생 면역력을 강화한다.
2 아토피와 천식, 비염, 관절염, 당뇨병, 심장병 등 많은 질환을 예방해 준다.
3 아기의 뇌 기능 발달을 돕는다.
4 어린 시절부터 비만을 예방해 준다.
5 아기의 정서적인 요구를 충족시킬 수 있다.
6 엄마의 암, 골다공증 발생률이 낮아진다.
7 출산 후 산모의 체중이 빠르게 정상으로 돌아온다.
8 모유는 분유보다 경제적이고 시간도 절약된다.

이유식 Q & A

모유와 분유만 먹이던 초보 엄마에게 이유식은 새로운 도전이다. 혹여 아이가 뱉어내거나 얼굴을 찡그리기만 해도 이유식에 문제가 있는 건 아닌지 초비상이다. 이유식을 시작하며 노심초사하는 초보 엄마들을 위해 잦은 질문과 답변을 모았다.

이유식을 자꾸 뱉어내고 먹지 않으려 해요
젖에 적응된 아기에게 고형의 이유식을 처음 먹이려고 할 때 아기가 낯설어하는 것은 당연하다. 이럴 때는 아기가 음식에 주의를 집중하지 않도록 숟가락이나 그릇 등을 아이가 관심을 둘 만한 제품으로 선택하고 장난감처럼 갖고 놀게 하는 연습이 필요하다. 적당히 배고플 때나 기분이 좋을 때 먹이는 것도 한 방법이다.

잘 체하고 짜증을 내요
억지로 이유식을 먹이면 소화불량이 되기 쉽고 스트레스로 인해 면역력 또한 나빠져 건강을 해칠 수 있다. 일단 1~2주 동안 숟가락이나 다른 환경에 적응할 수 있게 도와주면서 아기가 점차 안정을 찾을 수 있도록 한 뒤 조금씩 먹인다.

싫어하는 음식을 잘 먹이는 방법은 없을까요
이유식 초기에는 맛이 약한 식재료부터 시작하는 것이 좋다. 달고 맛있는 과일이나 고기 같은 음식에 입맛이 익숙해지면 채소 등을 멀리하기 때문이다. 아기가 이미 싫어하는 음식이 생겼다면 재료를 잘게 잘라서 좋아하는 음식과 섞어 먹이거나, 싫어하는 식재료의 맛을 중화할 수 있는 다른 재료를 넣는다.

이유식을 할 때 싫어하던 음식은 커서도 싫어하나요

이유식으로 먹일 때 싫어했던 음식이라고 해서 성인이 된 뒤에도 싫어하는 것은 아니다. 입맛은 늘 바뀌기 때문이다. 다만, 아이 때 싫어하면 엄마가 자주 주지 않게 되고, 따라서 그 음식을 섭취할 기회가 줄어 성인이 돼서도 즐겨 찾지 않게 될 수는 있다. 맛이 단 과일을 너무 일찍 먹이면 커서도 채소보다는 과일을 선호하고, 고기를 너무 일찍 주면 성인이 돼서도 채식보다는 육식을 선호하는 경향이 짙어지니 주의한다.

돌 전 아기에게 김치를 먹여도 되나요

맵고 짜고 양념이 진한 김치는 이유식 시기의 아기들에겐 권장하지 않는다. 그렇다고 해서 김치를 아예 먹이지 않는 것은 올바른 식습관을 들이는 데 좋지 못하다. 어른들이 먹는 김치를 물에 씻는다고 해도 짠맛은 씻기지 않으니, 아이에게 맞는 정도의 간을 한 '어린이용 김치'를 따로 만들어 먹인다.

이유식을 시작할 즈음, 구강 관리는 어떻게 해야 하나요

아기는 생후 6개월부터 치아가 나기 시작한다. 치아가 생기면 거즈를 이용해 이를 닦아 준다. 이유식을 시작하면 입안에 음식물이 남는 경우가 많으니 치아 관리도 철저하게 한다. 특히, 생후 12개월이 지나면 우유병을 물고 자는 습관을 없애야 한다. 이가 금세 썩을 수 있기 때문이다. 우유병을 물고 잠이 들면 바로 우유병을 빼고 거즈로 입안을 닦아 준다.

이유식이 끝날 시기인데 젖을 안 떼네요

모유 수유는 최소한 6개월~1년 동안 하는 것이 좋다. 만약 돌이 지나고 36개월까지 모유가 나온다면 계속 수유하도록 한다. 모유 수유는 아기에게 건강이라는 선물을 주는 행동이다. 이유식과 함께 모유를 병행하는 것이 아기에게는 이상적인 식단이다.

아기의 반사로 알아보는 신경 발달 · · ·

하루가 다르게 쑥쑥 크는 아기의 신체적 성장은 육안으로 확인이 가능하지만 신경 발달은 겉으로 드러나는 과정이 아니라 모르고 지나가는 경우가 많다. 아래 소개된 방법을 통해 아기의 신경 발달 과정을 집에서 체크해 보자.

모로 원시 반사 — 깜짝 놀라 뒤로 넘어가는 반사

아기의 등과 머리를 받히고 앉힌 상태에서 손을 떼어 뒤로 넘어뜨릴 때 소스라치게 놀라며 양팔을 크게 벌리고 순간적으로 숨을 멈추면서 자세를 굳히는 반사다. 임신 9주에서 12주 사이의 태아 때부터 시작되는 이 반사는 생후 2~3개월에 가장 두드러지게 나타나다 생후 6개월이 지나면 점차 사라진다. 만약 그 후에도 이 반사가 계속 나타난다면 발달 장애일 수도 있으므로 가끔 이 검사를 해서 확인해 보는 게 좋다. 모로 원시 반사가 늦게까지 남는 아기들은 성장할수록 잠재된 문제가 나타나는데, 쉽게 흥분하고 집중력이 부족하며 주의가 산만해지기도 한다. 또 어지럼증을 호소하고 균형 감각이 약하며 불안과 초조감에 쉽게 빠지고 소리에 민감해지기도 한다. 성인이 되어서는 불안증과 공황장애가 나타날 수 있다.

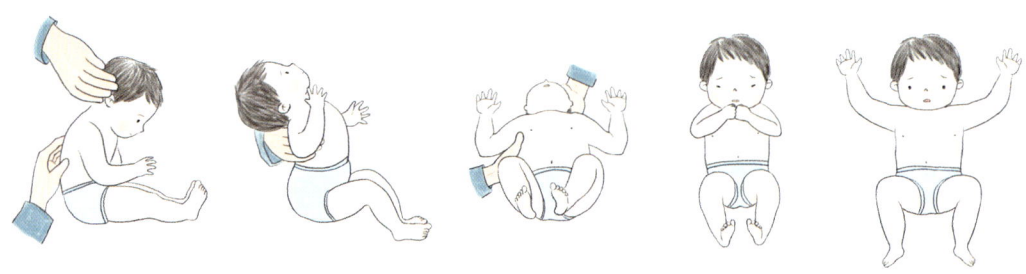

손과 발의 파악 반사 — 손과 발로 무엇이든 꽉 집으려는 반사

손가락으로 아기의 손바닥을 꾹 누르면 아기가 손을 오므려 손가락을 꽉 쥐고, 발바닥을 누르면 발가락을 오므리는 반사다. 임신 11주에 나타나서 생후 2~3개월에 없어지니 이 시기의 아기에게 수시로 이 검사를 해 손가락을 쥐는지 확인하도록 한다. 이 반사가 5~6개월 지나서도 계속 남아 있다면 성장하면서 소근육의 발달이 늦고 언어 표현이 미숙할 수 있다.
아기의 파악 반사가 계속 남아 있으면 뇌 발달에 도움이 되는 오메가3 지방산과 콜린, 유산균을 섭취할 수 있도록 이유식을 조정한다. 우유나 곡식, 밀가루, 콩 등의 음식을 먹이면 상태가 더 나빠지니 각별히 유의한다.

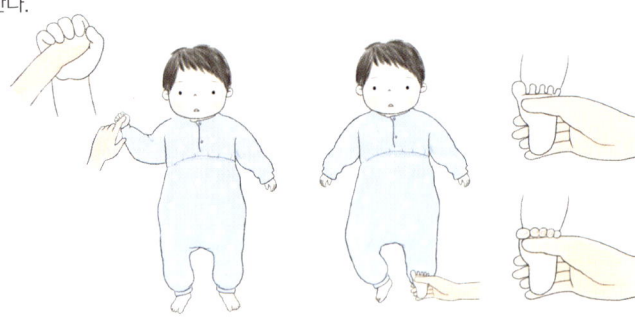

비대칭 긴장성 목 반사 — 목이 돌아갈 때 팔다리도 따라가는 반사

아기의 머리를 한쪽으로 돌릴 때 돌린 쪽의 팔다리가 구부러지며 반대쪽 팔다리는 펴지는 반사로 임신 18주에 나타났다가 생후 6개월이 지나면 사라진다. 생후 6개월 이후에도 이러한 반사가 나타난다면 아기가 클수록 균형 감각을 잃어버려 걷는 동작이나 자세가 안 좋아지며 물체를 정확히 보기 어려워진다. 또한 오른손잡이면서도 발은 왼발을 더 잘 쓰고 소리는 오른쪽으로 잘 듣는 등, 좌우의 신경계가 모두 복잡하게 꼬이게 된다.

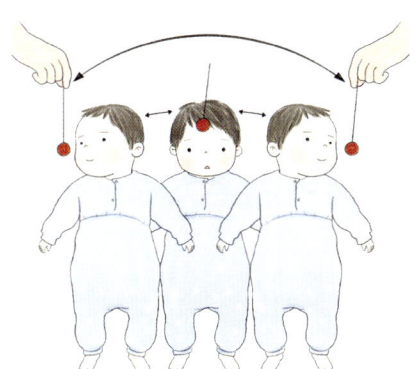

이런 신경계의 부조화 현상은 타고 태어나는 경우도 있지만 육아 실수로 일어나기도 한다. 아기가 태어나서 목을 가누다가 기어 다니고 뒤뚱거리며 일어난 다음 서고 걷는 과정이 순서대로 진행되지 않거나 그 사이에 다치거나 하면 발달에 장애가 올 수 있다. 또 왼손잡이 아기에게 부모가 억지로 오른손을 쓰도록 강요할 때도 뇌의 좌우 균형에 장애가 온다.

설근 반사 — 입술 주위를 건드리면 핥는 반사

손가락으로 아기의 입술 주변을 건드렸을 때 그 방향으로 입술과 머리를 움직여 빨거나 핥는 반사다. 임신 24~28주에 나타나 출생 후 3~4개월까지 남아 있다. 이 이후에도 설근 반사가 남아 있으면 이유식을 먹이기 어려워진다. 입에 닿는 모든 것을 그저 핥고 빨기만 할 뿐, 혀로 이유식을 끌어당겨 삼키는 과정으로 나아가지 못하기 때문이다. 이 반사가 오래 남아 있는 아이는 성장하면서 언어 장애가 오거나 음식 삼키기를 잘 못하게 된다. 입술 주변이 아주 민감해지기도 한다.

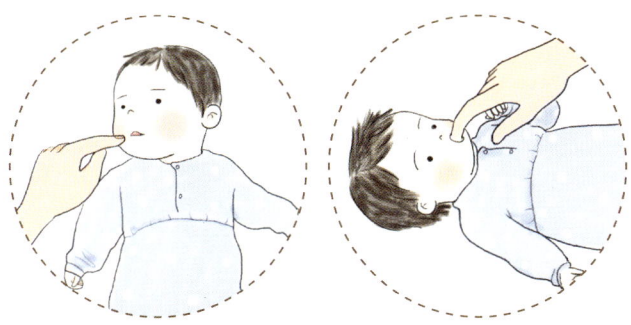

Chapter 2

이유식 실전 조리법

이유식을 먹이는 것 또한 태교처럼 중요하다는 것을 아는 부모는 얼마나 될까. 이유식은 아이에게 튼튼한 기초 체력과 평생 식습관을 길러 줄 수 있는 소중한 기회다. 우리 아이가 먹을 첫 음식, 식재료 선택부터 손질, 보관 등 기본적인 준비까지 주의를 기울이자. 아기의 월령과 성장 상태를 체크하며 그에 맞는 조리법을 고르는 요령을 소개한다.

월령별 이유식 포인트

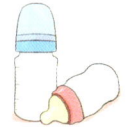

**이유식은 크게 초기, 중기, 후기, 완료기로 나뉜다.
아이의 상태에 따라 시기별로 맞는 음식과 주의 사항 등을 꼼꼼히 살펴보자.**

초기 4~6개월

이 시기의 아기는 옹알이를 시작하면서 고개를 돌리고 머리를 가누기 시작한다. 물건을 잡으려고 하고 자기 손에 주목하기도 하며 점차 활동성이 강해지므로 모유만으로는 에너지를 채우기 부족하게 된다. 바로 이때가 이유식을 시작할 때다.
이유식 초기에는 글루텐이 들어 있는 곡식은 피하고 쌀과 찹쌀 위주의 미음으로 이유식을 시작한다. 모유나 분유와 함께 이유식을 병행하여 점차 이유식에 익숙해지도록 한다. 액체와 비슷한 형태의 쌀미음을 만들되 채소즙을 조금씩 섞어 주는 형태로 발전시킨다. 단맛이나 짠맛 등이 이유식에 들어가지 않도록 주의한다. 알레르기를 일으킬 위험이 있고, 당분이 많은 옥수수나 바나나, 감자 미음은 되도록 피한다. 과일은 초기 이유식에 권장하지 않는다. 이유식 횟수는 하루에 한 번, 이유식 숟가락 4~5술로 시작해서 점차 늘린다.

중기 7~8개월

이제는 아이가 혼자서 음식 먹는 시늉을 할 수 있다. 말소리를 흉내 내거나 소리 나는 쪽으로 고개를 돌려 쳐다보기도 한다. 아기의 근육과 관절 움직임이 늘어나면서 뇌도 세분화되어 발달하기 시작한다. 이때 갑작스레 다량의 단백질이나 지방을 먹이면 뇌의 기능이 오히려 떨어진다. 모체에서 받은 영양소가 소진되는 시기이니 동물성 단백질과 콩 이외의 식물성 단백질을 아주 소량씩 먹이도록 한다. 콩은 알레르기를 일으키기 쉽고, 체내 흡수와 소화 기능을 떨어뜨리기 때문에 피해야 한다. 글루텐이 들어 있는 다른 곡식류도 철저히 조심하고 죽보다 약간 더 걸쭉하게 이유식을 만들어 준다. 미역, 양상추, 찹쌀, 양배추, 애호박, 브로콜리, 새송이버섯, 연근, 흰 살 생선, 당근, 시금치를 권한다.

초기

후기
9~11개월

아기들이 여기저기 기어 다니면서 혼자 놀 만큼 큰다. 신진대사가 활발해지고 모든 척추의 근육과 관절을 움직이기 때문에 칼로리 소모가 크며 뇌신경이 급격히 발달한다. 소뇌와 평형기관, 인지능력과 언어 표현, 소화 작용 및 자율신경 발달이 이루어지는 시기이므로 불포화지방산(생선류)과 포화지방산(고기류), 충분한 단백질이 필요하다. 후기에는 양배추, 미역, 닭고기, 소고기, 흰 살 생선, 브로콜리, 연근, 당근, 시금치 위주로 식단을 짜는 것이 좋다. 이가 4~6개 정도 난 아기는 된죽 형태의 음식 15~20술 정도를 하루 세 번 소화시킬 수 있다.

완료기
12~24개월

모유를 끊기 시작하면서 아기는 진밥과 다양한 반찬을 먹을 수 있게 된다. 그러나 아직 소화 기능이 완전히 발달하지는 않았으므로 부드럽게 삶고 작게 자르는 등의 배려가 필요하다. 전문가와 상담하여 이유식 외의 필요한 영양소를 처방받아도 좋은 시기다. 돌이 지나면 음식에서 영양분을 얻는 것이 가장 중요한데, 완료기 이유식과 함께 모유 수유를 하는 것이 가장 이상적이다. 생우유나 분유는 되도록 삼간다. 아주 맵거나 짜지 않다면 아기들이 대체로 다 먹을 수 있지만, 어패류 중에서 새우, 조개, 전복, 바닷가재, 굴 등으로 조리한 음식은 피한다. 쌀, 찹쌀, 소고기, 닭살, 연어, 대구, 도미, 오징어, 콩나물, 미역, 부추, 배추, 브로콜리, 양파, 다시마, 달걀 등을 골고루 조합해서 메뉴를 짜면 좋다.

이유식 재료 선택 및 손질법

무엇을 먹이느냐보다 얼마만큼 신선한 것을 골라 어떻게 손질하고 보관하는지가 중요하다.
면역력과 씹는 기능이 약한 아기에게 먹이는 식재료인 만큼 꼼꼼하게 골라 올바르게 손질한다.

쌀
먹기 직전에 빻는 것이 가장 좋다. 전체적으로 광택이 나고 크기가 일정하며, 쌀 특유의 좋은 향이 나는 것으로 선택한다. 씹었을 때 찐득거리는 것은 맛이 없거나 영양이 부족할 확률이 높다. 쌀은 해가 많이 들지 않고 건조하며 통풍이 잘되는 곳에 보관한다.

소고기
이유식으로는 기름이 적은 안심과 홍두깨살을 사용한다. 안심은 부드러워 금방 익기 때문에 볶거나 살짝 조리하는 음식에 넣고, 홍두깨살은 질기므로 다지거나 끓여서 믹서에 가는 음식을 만들 때 사용한다. 되도록이면 풀을 먹여 키운 호주산 소고기가 좋고, 냉동한 것보다는 냉장한 것이 좋다. 소고기는 찬물에 풀 듯이 넣어서 맛이 충분히 배어나도록 조리한다.

닭고기
닭고기는 지방이 많지 않은 가슴살이나 안심을 사용한다. 윤기가 나고 살에 탄력이 있는 것이 좋다. 1킬로그램 정도 되는 어린 닭이 살이 부드럽고 영양도 풍부해 좋다. 닭가슴살은 1회 분량만큼 잘라서 랩으로 충분히 감싸고 공기 중에 노출되지 않도록 한 다음 냉동한다.

달걀
겉은 약간 거칠면서 윤기가 나고, 흔들었을 때 출렁거리지 않는 유정란을 사용한다. 같은 크기의 달걀을 들었을 때 더 무거운 쪽이 신선한 것이다. 유정란은 냉장 보관보다 서늘하고 해가 들지 않으면서 통풍이 잘되는 곳에 보관하는 게 낫다.

멸치
비린 냄새가 없고 머리와 비늘이 제대로 있는 것으로 고른다. 배 쪽에 약간 노란색이 도는 오사리 멸치가 특히 좋다. 중간 크기 멸치를 이용해서 국물을 내되 너무 진하거나 짜지 않게 조리한다. 멸치는 밀폐하여 냉동이나 냉장 보관한다.

당근
겉에 흙이 묻은 신선한 것으로 고른다. 조리하기 전에 바로 구매해서 이유식을 만들고, 남은 당근은 다음에 다시 사용하지 말고 어른용 반찬 등으로 요리한다. 1회 분량 정도는 냉동하여 다음에 사용해도 되지만 너무 오래 냉동 보관하지 않도록 한다.

시금치
진녹색을 띠며 뿌리 쪽은 붉은 것이 좋다. 윤기가 나고, 잎은 무르지 않고 신선해야 한다. 길이가 긴 것은 좋지 않다. 시금치는 소금을 넣은 끓는 물에 데친 뒤 찬물에 헹궈서 사용하고, 다지거나 갈아서 1회 분량씩 냉동한 다음 꺼내 쓴다.

양파
국산 유기농으로 껍질이 얇고 잘 벗겨지지 않는 것이 좋다. 싹이 나지 않고 잡냄새가 없으면서 무르지 않고 단단해야 한다. 망에 넣어서 서늘하고 통풍이 잘되는 곳에 보관한다.

양상추
들었을 때 묵직하고 무르지 않은 싱싱한 것을 고른다. 양상추는 구매한 다음 바로 먹는 것이 좋다.

양배추
양배추는 윤기가 나면서 상처가 없고 꼭지 부분이 신선해야 한다. 들었을 때 묵직하고 껍질이 잘 벗겨지지 않는 것이 좋다. 양배추는 종이 타월에 싸서 비닐 백 등에 넣고 냉장 보관한다.

연근
겉에 흙이 묻어 있고 묵직하며 구멍 안쪽에 흠집이나 상처가 없어야 한다. 껍질을 벗긴 연근은 물에 담가 냉장한다. 하루 한 번씩 물을 갈아 주면 3일 정도 보관이 가능하다.

무
껍질에 윤기가 나고 잔뿌리가 있는 것을 고른다. 특히 가을무는 물이 많고 비타민이 풍부하다. 무는 서로 달라붙지 않도록 종이 타월 등으로 싸서 해가 들지 않고 서늘하며 통풍이 잘되는 곳에 보관하거나 냉장 보관한다.

버섯
갓이 피지 않고 색이 진하면서 윤기가 나고 부스러지지 않은 것으로 고른다. 만졌을 때 단단한 느낌이 나는 버섯이 좋다. 제철에 구매한 버섯은 말려서 보관하고, 냉장이나 냉동 보관하는 것이 좋다.

애호박
연두색이 나면서 윤기가 흐르고 꼭지 부분의 가시가 싱싱한 것으로 고른다. 겉은 약간 거칠고 과육이 부드러운 것이 좋다.

사과
광택이 나고 모양이 일정하면서 좋은 향이 나는 것으로 고른다. 색은 밝고 고르며 껍질이 얇고, 만졌을 때 단단한 것이 좋다. 조리하고 남은 사과는 그냥 두면 갈변하기 때문에 익혀서 식힌 다음 냉장해서 사용한다.

배
모양이 일정하고 껍질이 얇으며 상처가 없는 것이 좋다. 푸른 기가 없이 황금빛이 고르게 도는 것이 싱싱하다.

흰 살 생선
제철에 나는 싱싱한 생물을 고른다. 그래야 맛뿐 아니라 영양 면에서도 월등히 좋다. 생물 생선은 포를 뜬 다음 1회 분량씩 랩으로 싸서 냉동한다. 이렇게 보관한 생선은 1주일 안에 조리한다.

정어리
겉에 윤기가 나면서 만졌을 때 탄력이 있으며 눈은 선명한 것이 좋다. 비린내가 많이 나지 않는 것으로 고른다. 등 푸른 생선은 싱싱할 때 바로 조리한다. 되도록 보관하지 않고 바로 사용한다.

호두
국산으로 원형에 가까운 것을 고른다. 들었을 때 약간 묵직한 것이 알이 꽉 차고 실하다. 속껍질이 검지 않고 뽀얀 것이 좋다. 밀폐용기에 담아 냉동이나 냉장 보관한다.

이유식 기본 조리법

신선하고 좋은 식재료를 고른 것만으로 끝이 아니다.
월령과 발육 상태에 알맞은 재료로 식단을 짰다면 필수적인 기본 조리법을 활용하자.

1
2
3
4
5
6
7
8
9

빻기
1 절구 등을 이용해서 빻는다. 쌀이나 기타 단단한 재료는 돌, 도자기 절구를 사용하면 쉽게 빻을 수 있다.

으깨기
2 삶은 호박 등을 도마나 그릇에 담고 방망이, 절굿공이 등으로 눌러 재료를 부드럽게 한다. 간단하게 이유식을 만들 때 사용하는 조리법으로 특히 초기, 중기 이유식을 만들 때 많이 사용한다.

갈기
3 강판이나 갈기용 용기를 이용해서 가는데 플라스틱보다는 뜨거운 물로 소독할 수 있는 도자기로 된 강판이 좋다.

거르기
4 거즈, 면포, 체 등을 이용해서 육수나 즙을 낼 사용한다. 거즈와 면포는 아기 이유식 전용으로 갖추고, 아기용 체도 따로 준비한다.

삶기
5 당근, 소고기 등 단단한 재료를 넣어서 오랜 시간 끓인다. 처음에는 센 불에서 조리하지만 속까지 잘 익게 하려면 약한 불에서 천천히 익힌다. 이유식에 넣는 재료는 작아야 하므로 처음부터 작게 잘라 삶는 게 좋다.

찌기
6 생선, 고구마, 호박 등을 찜통에 넣어서 찌는 조리법이다. 김이 오른 통에 음식을 넣고 수증기를 이용해 재료를 익힌다. 찌기는 영양분 손실이 가장 적은 조리법이다.

데치기
7 물을 넉넉히 넣고 데친다. 채소를 데칠 때 물에 소금을 아주 조금 넣어 주면 영양분의 손실이 줄어든다. 특히 녹색 채소는 데친 다음 바로 찬물에 담가야 비타민C 손실이 적다.

다지기
8 이유식 재료는 주로 잘게 썰기 때문에 이유식 만들 때 가장 많이 쓰는 조리법이다. 이때는 도마 가운데 재료들을 모아 놓고 한쪽 칼끝을 손바닥으로 눌러서 다져야 쉽다. 곱게 채썬 후 다지면 원하는 크기로 쉽게 다질 수 있다.

자르기
9 이유식에 주로 쓰이는 자르기는 1센티미터 채썰기, 2센티미터 채썰기, 사방 1센티미터 이내 썰기가 대부분이다. 월령에 적합한 크기를 잘 맞추도록 한다. 특히 중기인 7~8개월의 아기는 잇몸이 매우 가려운 상태이므로 잇몸에 자극을 줄 수 있는 정도의 작은 알갱이로 썬다.

직장맘도 간단!
이유식용 천연 국물 & 가루 양념

이유식을 만들 때마다 맛국물을 준비하는 것은 번거로우니 한번 만들 때 국물을 많이 만들어 냉동 보관했다가 사용한다. 차게 식힌 국물을 얼음 틀이나 작은 밀폐용기 등에 1회분씩 넣어서 보관한다. 맛국물을 만들 때는 맛이 너무 강하거나 짜지 않도록 하고, 국물에 지방이 많이 들어가지 않도록 한다.

천연 국물

채소국물

1 당근, 무, 양배추, 대파, 양파는 물에 깨끗하게 씻은 다음 끓는 물에 살짝 데친다.
2 냄비에 물과 1의 데친 채소를 넣고 약한 불에서 30분 정도 푹 끓인다.
3 물이 2/3 정도로 줄면 불을 끄고 체나 면포에 받쳐서 식힌다.

재료

당근	10g
무	10g
양배추	10g
대파	5g
양파	2g
물	5컵

멸치국물

1 멸치는 머리와 내장을 제거하고 마른 팬에 살짝 볶아서 차갑게 식힌다.
2 냄비에 물과 멸치를 넣고 30분간 우린다.
3 냄비를 불에 올리고 대파, 양파와 같이 넣어서 가열한다.
4 끓기 전 멸치 주변에 거품이 모이면 불을 끄고 멸치만 건진다.
5 남은 채소만 10분 정도 끓인 다음 불을 끄고 식혀 체에 걸러서 사용한다.

재료

멸치	5마리
물	3컵
대파	10g
양파	2g

다시마국물

1 다시마는 찬물로 헹군 뒤 물과 같이 냄비에 넣고 30분간 끓인다.
2 다시마 주변에 거품이 생길 정도가 되면 불을 끄고 그대로 식힌다.
3 식힌 물을 체에 거른 다음 냉장 보관해서 사용한다.

재료

다시마(사방 2센티미터)	1장
물	2컵

소고기국물

1. 소고기는 찬물에 헹군 다음 무, 양파, 물과 함께 냄비에 넣어 끓인다.
2. 처음에는 센 불에서 3분간 끓이다가 불을 줄여 30분 정도 푹 끓인 다음 불을 끈다.
3. 국물은 체에 걸러서 사용하고, 소고기는 잘게 다져서 죽 등에 넣는다.

재료

소고기	20g
무	10g
양파	2g
물	5컵

생선국물

1. 흰 살 생선은 끓는 물에 데치고 겉에 묻은 비늘과 껍질 등을 제거한다.
2. 냄비에 1의 생선과 물, 양파, 대파를 넣고 끓인다.
3. 10분 정도 가열한 다음 불을 끄고 거즈에 걸러서 차게 식힌다.

재료

흰 살 생선	100g
물	4컵
양파	2g
대파	5g

닭고기국물

1. 닭 뼈는 찬물에 30분간 담갔다가 끓는 물에 넣어서 데친 다음 헹군다.
2. 냄비에 닭 뼈와 물, 양배추, 당근, 양파를 넣고 끓인다.
3. 25분 정도 약한 불에서 끓인 다음 물의 양이 3컵 정도로 줄면 식혀서 사용한다.

재료

닭 뼈 혹은 닭 살	100g
물	5컵
양배추	10g
당근	10g
양파	2g

가루 양념

단호박가루
단호박은 김이 오른 찜통에 찐 다음 체에 내려서 식힌다. 1회분씩 싸서 냉동한다.

깻가루
국산 깨는 겉껍질을 벗긴 다음 믹서나 분말기에 곱게 간다. 통에 담아서 냉장 보관한다.

밤가루
밤은 씻어서 물기를 제거하고 김이 오른 찜통에 찐다. 찐 밤은 체에 내린 뒤 마른 팬에 살짝 볶고 식히거나 말린다. 밤가루는 1회분씩 싸서 냉동한다.

호두가루
호두는 뜨거운 물에 불려서 껍질을 제거한 뒤 종이 타월에 올려놓고 곱게 다진다. 밀폐용기에 넣어서 냉동하거나 냉장한다.

잣가루
마른 천으로 고깔과 겉의 먼지를 닦은 잣을 종이 타월에 올려놓고 잘게 다진다. 밀폐용기에 담고 냉동한다.

달걀노른자가루
달걀노른자를 체에 내려서 밀폐용기에 담아 냉동한다.

똑똑한 기능성 이유식

아기가 어떤 이유식을 섭취하느냐에 따라 두뇌 발달, 신체 기능 발달 등이 달라진다.
우리 아기에게 부족한 부분을 똑똑하게 챙긴 스마트 이유식을 소개한다.

우리 아기 두뇌 발달, 오메가3와 콜린

불포화지방산인 EPA(Eicosapentaenoic acid)와 DHA(Docosahexaenoic acid)는 오메가3라고도 불리는데 도파민을 비롯한 신경전달물질의 적절한 균형과 뇌세포 막의 유연성, 유전자 조절 등에 지대한 역할을 한다. DHA는 뇌에 가장 풍부한 오메가3로서, 시청각 신경 발달과 인지 능력, 언어 표현 발달에 절대적 역할을 한다. EPA는 체내 면역력 조절에 중요한 역할을 하기 때문에 지나친 활성산소로 인한 세포 파괴를 적절히 막아 준다. 피부나 머리카락이 건성이거나 피부 발진, 두드러기, 아토피 등이 자주 발생하고 잠을 충분히 자지 못하는 아기는 오메가3 부족증을 의심해야 한다. 생선과 견과류에는 오메가3가 많은데 고등어와 연어, 정어리, 대구, 호두, 호박씨, 참깨, 아마씨오일 등이 대표적인 오메가3 급원이다.

콜린은 소화 기능을 촉진하고 장의 연동 운동을 원활하게 해 준다. 뇌에서는 해마를 발달시켜 기억력을 돕고 정서적으로 아기를 편안하게 한다. 브로콜리, 양배추, 순무, 오이, 상추, 달걀노른자, 소고기, 간 등에 콜린이 다량 함유되어 있다.

월령별 두뇌 발달 이유식 재료
이유식 초기: 찹쌀, 밤, 녹황색 채소
이유식 중기: 발아현미, 밤, 브로콜리, 소고기, 애호박
이유식 후기: 소고기, 닭고기, 흰 살 생선, 멸치, 참깨
이유식 완료기: 소고기, 닭고기, 대구, 정어리, 호박, 호두, 참깨

뼈 튼튼, 키 쑥쑥, 비타민D 이유식

비타민D는 칼슘의 흡수를 도와 뼈를 튼튼하게 한다. 비타민D가 부족한 아이는 걷는 시기가 늦고 나이대보다 키가 작으며 팔다리의 성장이 느리다. 비타민D는 피부가 검은 아기일수록 더 주의해야 한다. 뜨거운 태양 광선이 피부 속을 자극해 몸에서 비타민D를 만들게 되는데 피부색이 진하면 자외선이 차단되어 비타민D가 만들어지지 않을 수 있기 때문이다. 또한 햇빛에 잘 노출되지 않거나 가을과 겨우내 집에서만 보낸 아기들은 비타민D 부족이 심할 수 있으니 조심한다. 비타민D는 달걀 노른자나 우유, 요구르트, 오렌지주스 등에 들어 있다.

월령별 비타민D 이유식 재료
이유식 초기: 채소, 찹쌀
이유식 중기: 달걀노른자, 소고기, 버섯
이유식 후기: 달걀, 소고기, 닭고기, 버섯
이유식 완료기: 달걀, 흰 살 생선, 소고기, 닭고기, 버섯

우는 아기 조용하게, 가바 이유식

뇌 안정성을 유지하고 통증을 줄이는 가바(GABA)는 평생 정상적으로 유지되어야 한다. 아기가 울지 않고 평안하게 지낼 수 있는 것도 가바 덕분이다. 가바는 직접적으로 성격 형성에 영향을 준다. 가바가 결핍되면 불안, 초조, 과도한 스트레스, 공황장애 등이 오게 된다. 알레르기나 식욕과 체중의 심각한 변화, 과수면, 간질 발작, 구토도 나타날 수 있으므로 주의해야 한다. 가바는 납 등의 중금속에 특히 민감하기 때문에 오래된 파이프 등을 멀리하고, 페인트나 착색제, 왁스는 아기 근처에서 사용하면 안 된다. 새집증후군 역시 위험하다. 발아현미와 아몬드, 올리브, 호두, 가자미 생선, 닭가슴살, 소고기, 오렌지 등의 식품에 가바가 풍부하게 함유되어 있다.

월령별 가바 이유식 재료
이유식 초기: 현미, 바나나, 오렌지
이유식 중기: 시금치, 감자, 브로콜리
이유식 후기: 흰 살 생선, 소고기
이유식 완료기: 오렌지, 토마토, 버섯, 호박

면역력 쑥쑥! 칼슘과 비타민D

아기의 면역 향상에 관여하는 영양소는 여러 가지지만 기본적으로 칼슘과 비타민D가 풍부해야 하며 철분이 부족해서는 안 된다. 비타민K와 오메가3, 아연도 면역력과 큰 연관이 있다. 달걀노른자와 아보카도, 흰 살 생선, 닭가슴살, 녹황색 채소 등에는 면역력을 키우는 영양소가 가득 차 있다.

월령별 면역력 이유식 재료
이유식 초기: 채소, 찹쌀
이유식 중기: 달걀노른자, 소고기, 버섯
이유식 후기: 달걀, 소고기, 닭고기
이유식 완료기: 흰 살 생선, 소고기, 닭고기

아토피나 알레르기 아기를 위한 이유식

음식 알레르기는 요즘 아이들에게 흔히 볼 수 있는 증상이다. 입술이나 얼굴, 목이 붓거나 눈의 가려움증을 호소하고 피부에 발진이 생겼다면 이는 음식 알레르기로 볼 수 있다. 감기와 비슷한 알레르기 증상도 있으니 잘 살펴야 한다. 아토피나 알레르기가 있는 아기에게 이유식을 줄 때는 아기에게 맞지 않는 음식을 피하고 장을 튼튼히 하는 것이 근본적인 치료법이다.

월령별 아토피 프리 이유식 재료
이유식 초기: 양배추, 발아현미
이유식 중기: 발아현미, 오이, 미역
이유식 후기: 양상추, 브로콜리, 소고기, 느타리버섯
이유식 완료기: 닭고기, 양파, 브로콜리, 새송이버섯

설사나 배탈이 났을 때 맞춤 이유식

아기가 음식을 잘 못 먹고 배탈이 나며 설사를 하면 일단 찹쌀미음이나 찹쌀죽을 조금씩 먹이는 것이 제일 좋다. 과식을 해서가 아니라, 단백질 음식에 대한 알레르기 반응이나 장내 바이러스와 세균 감염으로 염증이 생긴 경우도 있으므로 아기의 설사와 고열, 구토 증상은 늘 조심해서 빨리 대처해야 한다. 배탈과 설사에는 충분한 수분과 손실된 전해질을 공급하는 게 급선무다. 사과, 오렌지, 포도주스는 역삼투압 작용으로 도리어 수분을 배출시키니 절대 먹어서는 안 된다. 이때 도움을 주는 영양소는 글루타민, 비타민A, 아연, 유산균 등이다.

월령별 설사&배탈 치료 이유식 재료
이유식 초기: 찹쌀, 양상추, 바나나
이유식 중기: 찹쌀, 사과, 바나나
이유식 후기: 찹쌀, 사과, 바나나
이유식 완료기: 소고기, 당근, 닭고기

우리 아기 첫 이유식, 미음

초기 이유식은 쌀을 묽게 끓인 미음부터 시작한다. 쌀에는 단백질, 탄수화물, 무기질이 풍부하고 독성이 없으므로 아기에게 부담 없이 먹일 수 있다. 처음 이유식을 시작할 때는 준비한 이유식을 억지로 다 먹이려고 하기보다는 색다른 음식을 접하는 훈련을 한다고 생각하고 조급하게 먹이지 않는 것이 좋다. 오전이나 오후 중 하루 한 번 젖을 먹이기 전에 이유식을 먹여 보고 양이나 횟수는 아기의 반응에 따라 조절한다.

4개월

쌀미음

1 냄비에 불린 쌀과 물을 넣고 센 불에서 끓이다가 약한 불로 줄여 쌀알이 충분히 퍼지도록 끓인다.
2 쌀알이 손으로 으깨질 정도가 되면 불을 끄고 한 김 식힌다.
3 식힌 죽을 믹서에 곱게 갈아 체에 거른 다음 냄비에 담아 한 번 더 끓이고 식힌다.

재료
불린 쌀 ······ 10g
물 ······ 2컵

미음은 한 번 더 끓이기
갈아서 체에 거른 미음은 한 번 더 끓여야 살균이 돼서 아기가 탈 없이 먹을 수 있다.

5~6개월

찹쌀분유죽

1 냄비에 찹쌀가루와 물을 넣고 잘 섞어 은근한 불에서 부드러워지도록 끓인다.
2 어느 정도 농도가 생기면 불을 끄고 체에 거른 다음 다시 냄비에 담아 약한 불에서 더 끓인다.
3 분유를 넣고 한 번 더 끓인 뒤 불을 끈다.

재료

찹쌀가루	10g
물	1컵
유기농 분유	10g

이유식은 약한 불로

미음이나 죽을 끓일 때 센 불에서만 끓이면 쌀알 속까지 충분히 익지 않는다. 이유식을 만들 때는 약한 불에서 천천히 익히는 것이 중요하다.

5~6개월

당근암죽

1 당근은 깨끗하게 씻어 잘게 썰고 불린 쌀, 물과 같이 냄비에 넣어서 끓인다.
2 센 불에서 끓이다가 약한 불로 줄여 당근이 속까지 충분히 익도록 끓인다.
3 쌀알과 당근이 손으로 으깨질 정도가 되면 불을 끄고 한 김 식힌 다음 믹서에 곱게 간다.
4 3의 재료를 체에 거르고 냄비에 담아 다시 한 번 끓였다 식힌다.

재료

당근	5g
불린 쌀	10g
물	2컵

> 5~6개월

시금치미음

1 데친 시금치는 잘게 썰어 둔다. 냄비에 불린 찹쌀과 물을 넣고 센 불에서 끓인다.
2 물이 끓으면 불을 약하게 한 다음 쌀알이 푹 퍼지도록 끓인다.
3 2가 되직해지면 다진 시금치를 넣고 조금 더 끓이다가 불을 끄고 한 김 식힌다.
4 3의 재료를 믹서에 넣고 곱게 간 다음 체에 거른다.
5 체에 거른 재료를 냄비에 담아 한 번 더 끓이고 식힌다.

재료
데친 시금치 ·············· 3g
불린 찹쌀 ·············· 10g
물 ·············· 2컵

> 5~6개월

양배추응이

1 양배추는 속의 하얀 부분만 사용하는데, 사방 0.3센티미터 크기로 자른다.
2 냄비에 양배추와 물을 넣어 잘 섞고 불린 멥쌀을 넣어 처음에는 센 불에서 끓이다가 다시 약한 불로 은근하게 끓인다.
3 물이 1/2컵 정도로 줄고 쌀알이 푹 퍼지면 한 김 내보낸 다음 믹서에 곱게 간다.
4 3을 체에 내리고 한 번 더 끓여서 낸다.

재료
양배추 ·············· 10g
물 ·············· 2컵
불린 멥쌀 ·············· 10g

양배추는 부드러운 쪽으로
양배추에 비타민U가 많다고 해서 아기에게 두꺼운 줄기 부분을 먹이면 설사할 수 있다. 초기 이유식에는 양배추 속의 부드럽고 하얀 부분만 사용하는 것이 좋다.

Chapter 3

푸릇한 봄기운을 담다, 봄 이유식

봄은 겨우내 추위로 고생한 몸에 에너지와 기운을 불어넣고, 다가올 여름을 대비하는 시기다. 겨울의 냉기를 뚫고 자라난 푸릇한 식재료를 이용해 아기의 입맛도 살리고 성장도 돕자. 미나리, 냉이, 쑥 등 봄을 대표하는 봄나물과 미역, 양상추, 양배추, 피망, 죽순 등을 이유식에 넣어 활용하면 맛도 좋고 영양도 보충할 수 있다.

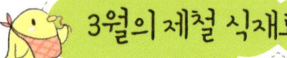
3월의 제철 식재료

미역

미역에 는 식이섬유 알긴산은 배변을 좋게 하고, 칼슘은 골격을 튼튼하게 만들어 준다. 미역에 풍부한 요오드는 뇌 발달에 꼭 필요하지만 요오드를 다량 섭취하면 갑상선 기능 저하를 초래할 수 있기 때문에 아기에게는 하루 한 번 정도만 먹이는 것이 좋다. 미역은 자체 염분만으로 충분한 간이 되므로 다시마나 멸치 등 해산물을 우린 국물을 넣어 조리하는 것은 피한다.

미역죽 (중기)

미역은 산모에게도 좋지만 아기에게도 좋은 음식이다. 엄마를 위한 미역국과 함께 이유식하는 아기를 위한 미역죽도 챙겨 보자. 미역국과 식재료가 같으므로 함께 요리할 수 있어 더욱 편리하다. 미역죽은 아이의 뼈 건강도 챙기고 두뇌 발달도 돕는다.

1. 불린 미역은 줄기와 불순물을 제거하고 사방 0.2센티미터 크기로 잘게 다진다.
2. 소고기는 힘줄과 지방을 제거한 뒤 잘게 다지고, 쌀은 절구에 빻아 둔다.
3. 냄비에 물을 담아 소고기를 풀고 쌀을 넣은 뒤 센 불에서 끓이다가 중간 약한 불로 가열한다.
4. 물이 반으로 줄면 다진 미역을 넣고 쌀알이 푹 퍼질 때까지 약한 불에서 끓인 다음 불을 끈다.

재료
- 불린 미역 ······ 2g
- 소고기 ······ 10g
- 불린 쌀 ······ 15g
- 물 ······ 2컵

말린 미역은 불려서 사용
말린 미역은 물에 헹구고 10분 정도 충분히 불린 뒤에 저울에 달아야 정확하다. 생미역을 사용할 때는 끓는 물에 살짝 데쳤다가 헹구고 찬물에 잠시 담갔다가 쓴다.

54

미역채소진밥 (후기)

미역과 채소를 넣은 진밥을 처음 접하는 아이들은 냄새와 식감 때문에 이유식을 거부할 수 있다. 이럴 때는 조급한 생각을 버리고 여유로운 마음으로 천천히 먹인다. 미역에는 어느 정도 짠맛이 배어 있으므로 이 이유식은 다른 이유식에 비해 심심하게 만든다.

재료

불린 미역	3g
당근	5g
불린 쌀	20g
물	2컵

1. 불린 미역은 줄기와 불순물을 제거하고 사방 0.2센티미터 크기로 잘게 다진다.
2. 당근은 미역과 같은 크기로 자르고 불린 쌀, 물과 함께 넣어 센 불에서 끓인다.
3. 물이 끓으면 중간 약한 불로 줄이고, 물이 반으로 줄면 다진 미역을 넣는다.
4. 쌀알이 충분히 퍼지고 국물이 거의 없어지면 불을 끈다.

단단한 재료는 처음부터 끓여야

당근처럼 단단한 재료로 죽을 만들 때는 쌀과 당근이 동시에 잘 으깨지도록 처음부터 넣어서 끓이는 것이 좋다.

미역주먹밥 완료기

모유만 먹다가 다양한 식재료를 씹어 먹는 이유식을 시작하면 아기가 변비로 고생하는 경우가 있는데, 이럴 땐 미역이 답이다. 미역은 식이섬유인 알긴산이 풍부해 배변 활동에 도움을 주기 때문이다. 동그랗게 뭉친 주먹밥은 아이에게 시각적인 즐거움을 주기도 한다.

재료

- 불린 미역 ········· 3g
- 파프리카 ········· 10g
- 채소국물 ········· 2큰술
- 따뜻한 밥 ········· 60g
- 참깨가루 ········· 2g
- 참기름 ········· 1g

1. 불린 미역은 줄기와 불순물을 제거하고 사방 0.3센티미터 크기로 잘게 다진다. 파프리카도 미역과 같은 크기로 자른다.
2. 팬에 미역과 파프리카를 넣고 채소국물을 부어 살짝 볶은 다음 식힌다.
3. 볼에 볶은 미역과 파프리카, 밥과 참깨가루, 참기름을 넣고 잘 섞은 다음 지름 2센티미터 정도 크기로 주먹밥을 만든다.

기름은 마지막에 약간만

이유식의 '볶음'은 기름 대신 채소국물 등으로 조리한다.
기름은 조리 마지막 과정에 고소한 향을 내기 위해 약간만 넣는다.

미역가자미찜 완료기

해조류인 미역과 생선은 음식 궁합이 잘 맞는다. 미역국물의 깔끔한 맛이 생선의 담백함을 더욱 살리기 때문이다. 흰 살 생선을 넣어 이유식을 만들 때는 잔가시가 들어가지 않도록 생선 손질에 각별히 주의를 기울이자.

재료

불린 미역	5g
가자미	60g
쌀가루	5g
물	1/4컵
참기름	1g

1. 불린 미역은 줄기 등을 제거하고 사방 0.5센티미터 크기로 잘게 다진다.
2. 가자미는 비늘과 내장을 제거하고 살만 포를 떠서 껍질을 벗긴 뒤에 씻어 물기를 없앤다.
3. 김이 오른 찜통에 가자미 살을 넣고 알맞게 찐 뒤 접시에 담는다.
4. 냄비에 쌀가루와 물을 넣고 끓이다가 불린 미역을 넣어서 잘 섞는다.
5. 쌀알이 충분히 퍼지면 불을 끄고 참기름을 두른 다음 찐 가자미 살을 위에 얹어서 낸다.

생선은 가시와 내장을 없애고 사용

생선을 조리할 때는 반드시 가시를 없앤다.
비늘이나 껍질, 내장도 소화를 방해하므로 제거해야 한다.

4월의 제철 식재료

양상추

양상추는 식이섬유, 비타민, 무기질 등이 풍부하고 칼로리가 낮다. 양상추를 자를 때 나오는 유액에는 알칼로이드 성분이 함유되어 있는데 이는 신경 안정에도 많은 도움을 준다. 아기에게 반드시 필요한 육류나 생선을 섭취할 때 알칼리 식품인 양상추를 같이 먹으면 완벽하게 균형 잡힌 영양 식단이 된다. 물에 5분 정도 담근 뒤 생으로 양상추를 먹으면 특유의 쓰고 아린 맛이 없어진다.

양상추찹쌀죽 (중기)

이가 나기 시작하는 아기는 잇몸이 간지러워 짜증이 늘기 쉽다. 양상추는 예민한 신경을 차분하게 만들어 주는 효능이 있어 이유식으로 만들어 먹이면 스트레스 완화에 도움을 준다.

재료
- 양상추 ········ 10g
- 불린 찹쌀 ········ 15g
- 다시마국물 ········ 2컵

1 양상추는 살짝 데쳐 사방 0.2센티미터로 잘게 썬다.
  불린 찹쌀은 절구에 곱게 빻아 둔다.
2 냄비에 찹쌀과 다시마국물을 넣고 센 불에서 주걱으로 잘 저으며 3분 정도 끓인 뒤 약한 불로 줄인다.
3 물의 양이 반으로 줄면 잘게 썬 양상추를 넣고 잘 저어 가며 끓인다.
4 쌀알이 충분히 퍼지고 국물과 알갱이가 서로 잘 어우러질 때까지 끓이다가 불을 끈다.

재료는 알갱이가 있도록

이유식 중기에는 아기의 잇몸에 자극을 줘서 이가 잘 날 수 있도록 하는 것이 중요하다. 이 시기에는 쌀알이나 채소 등을 어느 정도 알갱이가 있도록 손질한 뒤 조리한다.

양상추소고기진밥 (후기)

단백질 공급에 유익한 소고기는 이유식을 할 때 빠지지 않는 식재료. 알칼리 식품인 양상추와 소고기를 함께 넣어 이유식을 만들면 영양 균형을 이룰 수 있어 더욱 좋다. 이 시기에는 아기가 관심을 보일 경우 숟가락을 쥐여 주는 것도 운동 감각에 도움을 준다.

재료

양상추 ······················· 10g
소고기 ······················· 10g
불린 쌀 ······················· 20g
물 ·························· 1과 1/2컵

1 양상추는 끓는 물에 살짝 데쳐 사방 0.3센티미터로 썬다. 소고기도 양상추와 같은 크기로 썰어 둔다.
2 냄비에 소고기와 불린 쌀, 물을 같이 넣고 중간 약한 불에서 푹 끓인다.
3 소고기 진밥의 물기가 거의 없어지면 양상추를 넣고 1분 정도 더 끓인 다음 불을 끄고 식힌다.

다진 소고기는 찬물에 담그기

다진 소고기를 찬물에 잘 풀고 조리하면, 익고 난 다음 덩어리가 지지 않고 영양분이 국물에 충분히 우러나와 아기가 먹기 좋아진다.

양상추닭고기탕 (완료기)

닭고기는 특유의 맛과 질감으로 아이들이 씹어 먹기를 즐기는 식재료다. 양상추와 함께 잘게 다져 넣으면 고기에서 날 수 있는 누린내도 사라져 먹기 편하다. 양상추는 물에 담갔다 조리해야 특유의 쓴맛과 아린 맛이 사라지니 손질할 때 주의한다.

재료

양상추	15g
닭 안심	30g
물	1컵
쌀가루	5g
간장	1g
참기름	1g

1. 양상추는 사방 0.5센티미터로 썰고, 닭 안심은 힘줄과 지방, 겉의 얇은 막을 제거한 다음 잘게 다진다.
2. 냄비에 양상추와 닭 안심, 물 1컵을 잘 섞어서 넣고 끓인다.
3. 물의 양이 반으로 줄면 쌀가루와 물 2큰술을 더 섞어 농도를 맞춘다.
4. 조금 더 끓이면서 간장으로 간을 맞추고, 불을 끈 다음 참기름을 넣는다.

닭고기는 힘줄과 막을 제거

닭고기로 이유식을 만들 때는 가슴살이나 안심처럼 지방이 없는 부위를 선택한다. 하지만 이 부위조차도 겉에 얇은 막과 힘줄이 있으면 소화가 힘드니 막과 힘줄은 반드시 제거해야 한다.

양상추흰살생선샐러드 완료기

다양한 채소를 이용한 샐러드는 비타민과 무기질 등이 풍부해 아기에게 좋은 메뉴다. 채소만 넣으면 쑥쑥 자라는 아이에게 영양분이 부족할 수 있으니 생선살이나 고기를 조금 넣어 맛도 살리고 영양 균형도 맞춘다.

재료
양상추 30g
흰 살 생선 30g

당근소스
당근즙 2큰술
유기농 간장 1g
참기름 1g

1 양상추는 잘게 손으로 뜯어 찬물에 5분간 담갔다가 물기를 제거하고 냉장고에 보관한다.
2 흰 살 생선은 김이 오른 찜통에 넣어서 찐 다음 먹기 좋은 크기로 자른다.
3 당근은 껍질을 벗겨 강판에 곱게 갈고 간장과 참기름을 섞어 당근소스를 만든다.
4 그릇에 양상추를 담고 그 위에 흰 살 생선과 당근소스를 얹어서 낸다.

아기를 위한 드레싱은 천연 채소로

이유식을 만들 때는 강한 맛이 나는 설탕, 식초 등은 되도록 사용하지 않는다. 아기의 건강과 올바른 식습관을 위해 드레싱은 단맛이 나는 채소를 갈아서 만든다.

5월의 제철 식재료

양배추

양배추에는 칼슘, 비타민A, B$_1$, B$_2$, C, 식이섬유 등의 영양소가 골고루 들어 있다. 양배추에 있는 칼슘은 다른 식품보다 흡수가 잘되는데 그 이유는 양배추에 칼슘의 흡수를 돕는 비타민K가 많기 때문이다. 양배추는 급격하게 크는 아기들의 뼈 성장을 돕고, 식이섬유가 풍부해 변비를 예방한다.

양배추죽 중기

위장을 튼튼하게 해 주는 일등 공신인 양배추는 고소하고 달콤하며 부드러운 맛이 있어 아이들이 먹기에 좋다. 양배추 속은 단단해서 아이가 넘기기 좋지 않을 수 있으니 연한 잎 부분만 잘라 내서 사용한다.

재료

- 양배추 ······ 10g
- 불린 쌀 ······ 15g
- 물 ······ 2컵

1. 양배추는 사방 0.2센티미터로 자른다.
2. 불린 쌀은 물 1컵과 같이 믹서에 넣어서 곱게 간다.
3. 냄비에 양배추와 곱게 간 쌀, 물 1컵을 넣고 잘 저으며 끓인다.
4. 쌀알이 손으로 으깨질 정도가 되고 국물과 재료가 잘 어우러지면 불을 끈다.

절구가 없을 때는 믹서로

절구가 없을 때는 쌀을 물과 같이 믹서에 넣고 곱게 갈면 된다.
단 믹서에 갈 때는 쌀알이 손에 잡힐 정도가 되어야
익혔을 때 약간의 쌀알이 남아 있다.

양배추조기살죽 (후기)

영양소가 골고루 들어 있는 양배추에 고기나 흰 살 생선, 조기 살 등을 넣으면 씹는 식감도 좋아지고 단백질이 보충돼 영양 면에서도 나무랄 데 없는 식단이 된다. 아이가 먹을 조기를 고를 때는 국내산인지 아닌지를 반드시 확인한다.

재료
- 양배추 ········· 10g
- 조기 살 ········· 10g
- 불린 찹쌀 ········· 20g
- 물 ········· 2컵

1. 양배추는 사방 0.2센티미터 크기로 자른다.
2. 조기 살은 포를 떠서 껍질을 벗기고 물에 헹군 다음, 물기를 없애고 사방 0.3센티미터 크기로 자른다.
3. 불린 찹쌀은 체에 받쳐 물기를 제거하고 절구에 넣어 반 알 정도가 되도록 빻는다.
4. 냄비에 빻은 찹쌀과 양배추를 넣고 센 불에서 끓이다가 중간 약한 불로 줄이고, 쌀알이 충분히 퍼지도록 끓인다.
5. 물의 양이 반으로 줄면 조기 살을 넣고 약한 불에서 쌀알이 손으로 으깨질 정도로 충분히 끓인다.

되도록 국내산 생물 생선을 사용

생선은 되도록 냉동보다는 생물을, 수입보다는 국산을 사용해서 살만 먹이는 것이 좋다. 특히 조기는 저지방, 고단백이면서 몸에 좋은 불포화지방산이 많아 아기의 영양에 큰 도움이 된다.

양배추닭고기전 (완료기)

한입 크기로 작게 만든 전은 아기의 건강 간식으로 좋다. 아기가 손가락이나 숟가락으로 집어 먹으려고 한다면 말리지 말고 마음껏 집어 들며 감각을 익히도록 돕는다. 양배추는 식이섬유가 풍부해 고기류와 함께 요리하면 소화도 잘되고 변비도 예방할 수 있다.

재료

- 데친 양배추 20g
- 닭가슴살 40g
- 쌀가루 10g
- 달걀 1/2개
- 포도씨오일 5g

1. 데친 양배추는 잘게 다지고 물기를 짠다.
2. 닭가슴살은 지방과 힘줄, 막을 제거하고 곱게 다진다.
3. 볼에 양배추와 닭가슴살, 쌀가루, 달걀을 넣고 잘 섞어 지름 2센티미터 크기의 완자를 만든다.
4. 포도씨오일을 두른 팬에 3의 완자를 속까지 잘 익도록 구운 다음 접시에 담아서 낸다.

기름을 되도록 줄이려면

비만과 직결되고 식습관 발달에 악영향을 줄 수 있는 기름은 되도록 줄이는 게 좋지만, 전처럼 기름을 사용해야만 하는 요리도 있다. 이럴 때는 팬에 신경을 쓰자. 팬이 좋지 않으면 기름을 많이 써야 하고 팬의 불순물도 묻어날 수 있다. 아기의 건강을 위해서 반드시 코팅이 잘된 팬을 선택한다.

양배추호두볶음밥 완료기

견과류는 두뇌 발달에 매우 유익한 식재료로 따뜻한 성질의 식물성 지방 및 몸에 좋은 단백질을 공급한다. 뼈를 튼튼히 하는 데 효과가 좋은 양배추와 함께 넣어 요리하면 두뇌 발달과 신체 성장에 도움을 준다.

재료

양배추	30g
호두	20g
다시마국물	4큰술
유기농 간장	1g
찬밥	80g
참기름	1g
깨소금	2g

1. 양배추는 사방 0.3센티미터 크기로 자르고, 호두는 따뜻한 물에 불려 껍질을 벗긴 다음 양배추와 같은 크기로 자른다.
2. 팬에 다시마국물과 양배추, 호두, 간장을 함께 볶다가 찬밥을 넣고 잘 섞어가며 조금 더 볶는다.
3. 물기가 없게 밥이 잘 볶이면 불을 끄고 참기름, 깨소금을 넣어서 마무리한다.

호두 껍질 충분히 불려야

호두 껍질은 아기가 소화하기 어렵다. 호두를 조리할 때는 반드시 불린 뒤 껍질을 벗겨 사용한다. 호두를 냄비에 넣고 끓인 다음 불을 끄고 1분 정도 두면 빠르고 쉽게 껍질을 벗길 수 있다.

Chapter 4

활기찬 생명력이 가득, 여름 이유식

일조량이 급격하게 증가하는 여름은 세상 만물의 생명력이 한껏 부풀어 오르는 시기다. 채소와 과일 등 먹을 것도 풍부해 이유식을 만들기도 편하다. 하지만 날씨가 더워 체내 에너지 소비가 늘고 식욕이 떨어지며 짜증이 잦은 때이기도 하다. 여름엔 아기의 건강을 세심하게 관리하며 수분을 많이 공급하고 뜨거운 기운을 내리는 것이 좋다. 여름철에 흔히 보는 식재료로 더위는 낮추고 체력은 높이는 영양식을 만들어 보자.

6월의 제철 식재료

양파

양파 특유의 매운 냄새와 맛은 유화알릴 때문인데, 이 성분은 소화액 분비를 촉진하고 신진대사를 원활하게 해 주는 역할을 한다. 유화알릴은 열을 가하면 매운맛이 단맛으로 변하니 아기가 먹기에도 무리가 없다. 철분과 칼슘이 풍부한 양파는 성장 속도가 빠른 아기들에게 반드시 필요한 식품이다.

양파포타주 (중기)

양파는 소화액 분비를 촉진하는 효능이 있어 씹어 삼키는 것에 익숙지 않은 아기들에게 도움이 되는 식재료다. 너무 아리고 매워 생으로 먹기에는 부적합하기 때문에 익혀서 사용한다.

재료

양파	20g
물	2컵
쌀가루	15g
유기농 분유	10g

1 양파는 1센티미터 크기로 자르고, 물 한 컵 반과 같이 넣어 무르게 끓인다.
2 물이 1/3로 줄어들면 불을 끄고 한 김 식힌 후 고운체에 내린다.
3 냄비에 2를 넣고 끓인다. 이때 쌀가루와 물 2큰술을 섞은 것을 넣으면서 농도를 조절한다.
4 내용물이 걸쭉해지면 약한 불로 줄여 뜸을 들인다.
5 분유와 물 2큰술을 섞은 것을 넣고 잘 저은 다음 그릇에 담는다.

밀가루가 아닌 쌀가루로

포타주란 수프의 일종으로 전분을 넣어 걸쭉한 느낌이 나도록 만든 요리다. 보통은 밀가루와 버터를 섞은 '루'를 넣지만, 이유식은 쌀가루로 적당한 농도를 맞춘다.

양파닭고기진밥 (후기)

양파는 고기의 잡냄새를 없애고 육질을 부드럽게 하는 등, 육류와 잘 어울리는 재료다. 단백질이 풍부한 닭고기와 다양한 미네랄이 함유된 양파를 주재료로 한 이유식은 한여름을 대비한 아기용 보양식으로도 좋다.

재료

- 양파 15g
- 닭고기 10g
- 불린 쌀 15g
- 물 2컵

1. 양파는 사방 0.3센티미터로 썰고, 닭고기는 지방과 힘줄, 얇은 막 등을 제거한 다음 양파와 같은 크기로 썬다.
2. 닭고기와 불린 쌀, 물을 넣고 센 불로 가열하다가 끓기 시작하면 중간 약한 불로 줄인다.
3. 물이 반으로 줄면 양파를 넣고 물이 거의 없어질 때까지 가열한다.

아기에게는 진밥

물이 어느 정도 있고 충분히 쌀알이 익은 것을 진밥이라고 한다. 아기에게는 된밥보다 진밥이 소화하기 편하다. 밥을 할 때 쌀을 기울어지게 담고 물을 부으면 물에 잠긴 쪽이 훨씬 질어진다.

82

양파그라탱 (완료기)

아기들이 어느 정도 음식에 익숙해지면 시각적으로 화려하고, 맛이나 모양이 독특한 것에 끌리게 된다. 그라탱은 영양은 물론 보기에도 흥미로워 아기들의 시선을 잡기에 적합한 메뉴다.

재료
양파	50g
단호박	30g
브로콜리	30g
소금	약간
달걀	1개
유기농 아기치즈	1/2장

1. 양파는 사방 0.3센티미터로 자르고 끓는 물에 삶아서 식힌다.
2. 단호박은 껍질과 씨를 제거하고 사방 0.5센티미터로 자른다.
3. 브로콜리는 소금을 약간 넣은 끓는 물에 삶은 다음 찬물에 헹구고 사방 0.3센티미터로 자른다.
4. 볼에 양파, 단호박, 브로콜리, 달걀을 넣고 잘 섞은 뒤 그라탱 용기에 옮겨 담고 아기치즈를 얹는다.
5. 그라탱 용기를 오븐에 넣고 160도에서 10분간 굽는다.

브로콜리는 미리 데친 후 조리

브로콜리에는 유황 성분이 들어 있다. 유황은 일반적으로 몸에 좋지만, 이유식을 하는 아기는 장이 발달하지 않아 탈 날 수 있다. 조리하기 전에 브로콜리를 미리 데쳐 두면 유황 성분이 빠져나가서 냄새가 나지 않고 먹기에도 좋다.

양파미니햄버그스테이크 (완료기)

단백질 공급에 효과적인 소고기를 활용한 햄버그스테이크는 아이들이 좋아하는 메뉴. 양파와 당근 등 몸에 좋은 채소와 소고기가 같이 어우러져 씹는 맛도 좋고 영양도 풍부하다.

1 양파는 잘게 다지고 찬물에 담가 매운맛을 뺀 다음 물기를 제거한다. 당근도 잘게 다진다.
2 팬에 양파와 당근을 넣고 채소국물로 볶은 다음 식힌다.
3 볼에 2의 재료, 다진 소고기와 참기름, 달걀, 쌀가루, 간장을 함께 넣고 반죽한다.
4 3의 반죽을 지름 3센티미터 정도의 도톰한 원반 모양으로 만든다.
5 팬에 스테이크 반죽과 채소국물을 넣고 뚜껑을 덮어서 속까지 잘 익힌다.

재료

양파	50g
당근	10g
채소국물	4큰술
다진 소고기	50g
참기름	1g
달걀	1/2개
쌀가루	10g
유기농 간장	1g

채소는 미리 익혀 사용

햄버그스테이크에 넣을 채소는 미리 익힌 다음 충분히 식혀서 섞는다. 덜 식혀서 섞으면 자칫 고기가 상하거나 맛이 변질될 수 있다.

7월의 제철 식재료

애호박

애호박은 당질이 풍부해서 맛이 달고 독이 없다. 『본초강목』에서 애호박은 '보중익기(補中益氣)'라 하여, 위와 비장을 보호하고 기운을 더한다고 했다. 칼슘, 비타민A, C 등이 풍부한 애호박은 위장에 부담을 주지 않고 신진대사를 원활하게 해 준다. 또한 몸의 열을 식히고 이뇨작용을 도우며 부종을 없애기도 하는 등 아기에게 좋은 식재료다.

애호박죽 중기

소화를 원활하게 하는 효능을 지닌 애호박은 위장 기능이 약한 아기들에게 좋은 식재료다. 섬유소가 풍부하게 들어 있으므로 변비에 걸린 아기에게도 좋다. 애호박은 껍질이 단단하고 굵기가 고르며 꼭지가 신선한 상태로 달려 있는 것을 고른다.

재료

- 애호박 10g
- 흰 살 생선 10g
- 불린 쌀 15g
- 물 2컵

1. 애호박은 돌려 깎고 씨를 제외한 나머지를 사방 0.2센티미터로 잘게 썬다.
2. 흰 살 생선은 껍질, 내장 등을 제거하고 사방 0.2센티미터로 잘게 다진다.
3. 불린 쌀은 절구에 곱게 빻는다.
4. 냄비에 흰 살 생선과 빻은 쌀, 물을 같이 넣고 중간 약한 불에서 끓인다.
5. 물이 반으로 줄면 애호박을 넣고 타지 않도록 약한 불에서 은근하게 끓인다. 쌀알이 퍼지고 서로 잘 어우러지면 불을 끈다.

붉은 살 생선보다 흰 살 생선

붉은 살 생선은 흰 살 생선보다 알레르기 반응을 보일 확률이 더 높으므로 이유식 중기에는 흰 살 생선을 주로 먹인다.

애호박소고기무른밥 (후기)

어릴 때부터 사탕, 초콜릿 등의 단맛에 익숙해지는 것은 좋지 않지만 자연에서 나는 식재료의 단맛이라면 걱정을 덜어도 된다. 애호박은 탄수화물 중에서도 당질이 풍부하기 때문에 먹었을 때 맛이 달아 아기들도 좋아한다. 소고기와 함께 조리하면 소고기의 단맛과 애호박의 단맛이 잘 어우러져 건강한 달콤함을 선사한다.

재료

애호박	15g
소고기	10g
물	2컵
불린 쌀	20g

1 애호박은 돌려 깎고, 씨를 제외한 나머지를 사방 0.3센티미터로 잘게 썬다.
2 힘줄, 지방 등을 제거한 소고기는 사방 0.2센티미터로 잘게 다진다.
3 냄비에 찬물과 소고기를 넣고 잘 푼 다음 쌀을 넣고 같이 저어 가면서 센 불에서 끓인다.
4 3분 정도 끓이다가 약한 불로 줄이는데, 쌀알이 충분히 퍼지고 소고기가 잘 익도록 끓인다.
5 물이 거의 없어지면 불을 끄고 미지근하게 식혀 그릇에 담아낸다.

애호박은 부드러운 부분만 사용

애호박 속의 씨는 소화가 어려우니 이유식을 만들 때는 애호박 겉 부분만 사용한다. 애호박의 겉 부분은 부드럽고 비타민과 무기질이 풍부하다.

애호박쌀국수볶음 (완료기)

애호박은 몸의 열기를 식히는 대표적인 여름 음식으로 바깥나들이가 잦은 완료기 아이들의 여름나기에 안성맞춤이다. 복합 탄수화물과 양질의 단백질이 풍부한 쌀국수에 애호박을 곁들인 이 요리는 간편하게 만들 수 있어 더욱 좋다.

재료

애호박	20g
당근	5g
피망	10g
유기농 쌀국수	10g
소금	약간
다시마국물	1/2컵
유기농 간장	2g
참기름	1g

1 애호박은 곱게 채 썬다. 당근과 피망도 같은 크기로 썬다.
2 쌀국수는 소금을 조금 넣은 물에 부드러워질 때까지 삶은 다음 찬물에 헹구고 2센티미터 크기로 자른다.
3 팬에 다시마국물과 애호박, 당근, 피망, 간장을 넣어서 끓인다.
4 국물이 거의 없어지면 잘라 둔 쌀국수를 넣고 같이 볶은 다음 불을 끈다. 참기름을 섞어 마무리한다.

아기에게 국수를 먹일 때는 주의

밀가루는 도정 중 방부제 등이 많이 들어가 있기 때문에 자칫 알레르기를 일으킬 수 있으므로 사용하지 않는 것이 좋다. 국수를 길게 주면 아기가 질식할 수 있으니 잘라서 수저로 떠먹을 수 있도록 주는 것이 좋다.

애호박닭살수제비 (완료기)

완료기에 접어든 아이에게는 밥과 죽이 아닌 다양한 형태의 음식을 선보여 감성 및 지능 계발을 돕는 것이 좋다. 수제비에 들어가는 애호박과 당근, 달걀 등 재료 각각의 선명한 색깔 대비 또한 아이에게는 즐거운 시각적 자극이다.

재료

애호박	40g
양파	20g
당근	5g
닭가슴살	50g
쌀가루	15g
달걀	1/2개
채소국물	1컵
유기농 간장	1g
참기름	1g

1 애호박은 2센티미터 크기로 얇게 편으로 썰고, 양파와 당근도 같은 크기로 썬다.
2 닭가슴살은 곱게 다져 볼에 넣고, 쌀가루와 달걀도 함께 넣어 잘 섞으면서 반죽한다.
3 냄비에 채소국물을 끓인다. 채소국물에 애호박, 당근, 양파를 넣어 익히고 2의 닭가슴살 반죽을 수저로 조금씩 떠서 넣는다.
4 닭 살이 충분히 익으면 간장을 넣고 한소끔 끓인 다음 불을 끄고 참기름을 넣는다.

닭살수제비는 약한 불에서

밀가루 없이 닭 살을 다져서 만든 수제비는 너무 센 불에서 끓이면 퍼질 수 있다. 약한 불에서 서서히 단백질이 응고되도록 조리한다.

8월의 제철 식재료

브로콜리

브로콜리에는 단백질, 섬유질, 칼슘, 비타민A, C 등이 풍부하게 들어 있다. 브로콜리의 비타민C는 레몬의 2배나 되는데 특히 빈혈 예방에 좋다. 브로콜리는 주로 싹을 먹는데, 이 싹에는 비타민A의 전구체인 베타카로틴이 많이 들어있다. 베타카로틴은 면역력을 길러 주기 때문에 이유식을 하는 아기에게 꼭 필요한 성분이다.

브로콜리죽 (중기)

모유를 먹던 아기들이 이유식을 시작하고 젖과 분유의 양을 줄여 가는 중기에 접어들면 체내 철분 요구량이 점차 늘어나 아기 빈혈이 오기 쉽다. 이럴 때는 브로콜리와 소고기 등 철분이 풍부한 음식으로 만든 이유식이 약이다.

재료

- 브로콜리 ·········· 15g
- 불린 쌀 ·········· 15g
- 소고기국물 ·········· 2컵

1. 브로콜리는 끓는 물에 삶아서 찬물로 헹군 다음 잘게 다진다.
2. 불린 쌀은 절구에 곱게 빻고, 소고기국물과 같이 냄비에 넣어 잘 저어 가면서 끓인다.
3. 쌀알이 푹 퍼지고 손으로 으깨질 정도가 되면 브로콜리를 넣고 조금 더 끓인다.
4. 충분히 끓어 서로 잘 어우러지고 물이 겉돌지 않으면 불을 끄고 식혀서 그릇에 담아낸다.

브로콜리는 싹부터

이유식 초·중기에는 브로콜리 싹을 이용한다. 브로콜리 줄기에도 섬유질 등의 영양소가 많지만, 장의 기능이 발달하지 않은 아기에게는 소화가 어렵고, 설사를 유발할 수도 있다.

브로콜리단호박죽 (후기)

위장을 튼튼하게 해 주는 브로콜리와 맛이 달고 영양이 풍부한 단호박이 어우러진 웰빙 이유식이다. 단호박은 껍질에 영양 성분이 풍부해 일반적으로는 깎아 내지 않고 사용하나, 이유식을 만들 때는 소화 기능이 약한 아기를 배려하여 껍질을 제거하는 것이 좋다.

재료

브로콜리	15g
소금	약간
단호박	10g
다시마국물	2컵
불린 쌀	20g

1. 브로콜리는 소금을 약간 넣은 끓는 물에 부드럽게 삶아서 찬물에 헹군 다음 사방 0.3센티미터로 자른다.
2. 단호박은 껍질과 씨를 제거하고 사방 0.3센티미터 크기로 자른다.
3. 냄비에 다시마국물을 붓고 단호박과 불린 쌀을 넣어 센 불로 가열하다 끓으면 불을 줄인다.
4. 쌀알이 손으로 으깨질 정도가 되면 브로콜리를 넣고 잘 저으며 센 불에서 끓인다.
5. 불을 끄고 식힌 다음 그릇에 담아서 낸다.

단호박의 다양한 효능

단호박에는 탄수화물, 칼슘, 인, 철분이 풍부하고 다량의 미네랄이 들어 있으며 비장 기능 강화에도 도움을 준다. 비타민C가 풍부해 감기를 예방해 주기도 한다.

브로콜리참외비빔밥 완료기

여름에는 아기들도 뜨거운 요리에 손사래 친다. 차가운 성질의 참외는 한여름의 열기를 가라앉혀 주는 든든한 친구. 밥과 참외, 브로콜리를 넣고 소고기간장국물로 쓱쓱 비비면 감칠맛 나는 비빔밥이 완성된다.

재료

브로콜리	20g
소금	약간
참외	30g
다진 소고기	15g
채소국물	1/2컵
유기농 간장	1g
참기름	1g
따뜻한 밥	60g

1 브로콜리는 소금을 약간 넣은 끓는 물에 부드럽게 삶아서 찬물에 헹군 다음 잘게 썬다.
2 참외는 껍질과 씨를 제거하고 흰 살 부분만 잘게 다진다.
3 다진 소고기는 채소국물, 간장과 같이 넣고 볶다가 국물이 거의 없어지면 불을 끄고 참기름을 넣어 잘 섞는다.
4 그릇에 밥을 담고 3의 소고기 볶음과 브로콜리, 참외를 얹어 낸다.

잘 익은 참외는 씨와 껍질을 제거

이유식에 들어가는 참외는 잘 익은 것으로 골라서 씨와 껍질을 제거한 다음 흰 살 부분을 사용한다. 단단한 것은 아기가 먹기 쉽지 않으므로 잘게 다져 조리한다. 아토피 아이 중 참외에 알레르기 반응을 보이는 아이도 있으니 아토피가 있을 경우에는 주의한다.

브로콜리흰살생선탕 (완료기)

장수 식품으로 꼽히는 브로콜리는 사계절 가리지 않고 가까이 두면 좋은 식재료다. 식감이 딱딱해서 아이들이 싫어한다면 소고기나 생선 등 부드럽고 고소한 음식과 함께 요리해 거부감을 줄여 보자.

1. 브로콜리는 소금을 약간 넣은 끓는 물에 살짝 데쳐서 찬물에 담가 식힌 다음 사방 0.5센티미터로 썬다.
2. 흰 살 생선 살과 양파, 당근도 사방 0.5센티미터로 썬다.
3. 냄비에 물 한 컵 반을 붓고 당근을 넣어서 푹 무르도록 끓인다. 물이 반으로 줄면 양파와 생선살을 넣는다.
4. 물이 1/2컵 정도로 줄면 브로콜리를 넣고, 물 2큰술에 쌀가루 섞은 것을 넣어서 농도를 맞춘다.
5. 국물이 끓을 때 달걀을 풀어 달걀물이 줄처럼 흘러내릴 정도로 섞은 다음 국물에 붓고 불을 끈다.

재료

브로콜리	20g
소금	약간
흰 살 생선 살	40g
양파	10g
당근	5g
물	1과 1/2컵
쌀가루	10g
달걀	1/2개

이유식을 할 때 달걀은 노른자부터 시작

달걀은 풍부한 영양을 갖춘 데다, 특히 양질의 단백질을 섭취할 수 있는 필수적인 식재료다. 하지만, 이유식을 만들 때는 되도록 노른자만 사용하고, 흰자는 돌이 지나면 먹인다. 흰자는 자칫 알레르기를 일으킬 수 있기 때문이다.

Chapter 5

면역력을 높이는 가을 이유식

더위로 지친 몸을 보하고, 다가올 겨울에 대비해 체력을 보강해야 하는 가을은 아기들의 면역력 강화 기간이다. 가을에 제철을 맞는 식재료 중 면역력을 높이고 기초 체력을 다지는 음식이 많은 것도 겨울에 대비하라는 자연의 섭리일 것이다. 가을 채소들은 수분이 적고 단단한 것들이 많아 이유식으로 만들 때 조금 번거롭지만 손질법만 익히면 그리 어렵지는 않다. 가을에 풍성하게 나는 버섯류와 우엉, 사과, 토란, 단호박 등을 이용한 이유식 조리법을 소개한다.

9월의 제철 식재료

버섯

버섯에는 단백질, 섬유질, 필수아미노산, 미네랄이 풍부하다. 새송이버섯은 다른 버섯보다 비타민B_6가 풍부해서 빈혈을 예방하고, 비타민C도 많아 철분의 흡수를 도우며 면역력도 높인다. 느타리버섯에는 항산화 영양소인 셀레늄, 칼륨 등이 많고, 표고버섯에 있는 레티닌 성분은 장을 맑고 튼튼하게 한다.

새송이버섯죽 (중기)

이유식에 버섯을 넣을 거라면 새송이버섯부터 시작하는 것이 좋다. 다른 버섯보다 향이 적어 처음 먹는 아이들도 즐겁게 먹을 수 있기 때문이다. 새송이버섯은 비타민C와 B$_6$도 풍부해 빈혈 예방에도 효과적이다.

재료

새송이버섯 ·················· 5g
당근 ························ 5g
불린 쌀 ···················· 15g
생선국물 ··················· 2컵

1 새송이버섯은 밑동을 제거하고, 당근은 껍질을 벗겨 각각 사방 0.2센티미터 크기로 자른다.
2 절구에 곱게 빻은 불린 쌀과 새송이버섯, 당근, 생선국물을 냄비에 넣고 센 불로 가열하다가 끓기 시작하면 약한 불로 줄인다.
3 쌀알이 으깨지고 쌀과 물이 분리되지 않을 정도가 되면 불을 끄고 그릇에 담는다.

새송이버섯의 밑동은 제거
새송이버섯은 불순물이 묻어 있는 밑동을 제거한 뒤 조리한다.

느타리버섯소고기진밥 후기

씹는 맛도 있고, 영양도 풍부한 버섯은 소고기와 식궁합이 잘 맞는다. 특히 느타리버섯에는 칼슘이 풍부해 성장이 빠른 아이들의 이유식 재료로 좋다.

재료

느타리버섯 5g
다진 소고기 10g
물 2컵
불린 쌀 20g
부추 1g

1 느타리버섯은 사방 0.3센티미터 크기로 자른다.
2 냄비에 다진 소고기와 물을 넣어서 잘 푼 다음, 불린 쌀과 느타리버섯을 넣고 센 불에서 가열하다 끓으면 약한 불로 줄인다.
3 쌀알이 으깨질 정도로 충분히 끓으면 다시 센 불로 끓이면서 겉물이 돌지 않도록 잘 저어 준다.
4 부추는 송송 썰어서 3에 넣고, 죽이 완성되면 식혀서 그릇에 담아낸다.

모양 좋은 느타리버섯은 부추와 함께

느타리버섯은 윗부분의 갓이 깨지지 않고, 전체적으로 윤기가 돌면서 무르지 않은 것으로 선택한다. 느타리버섯과 부추를 같이 조리하면 허약 체질을 개선하는 효과가 있다.

새송이버섯밤수프 완료기

우리나라 가을 대표 견과류인 밤은 단백질과 무기질이 응축되어 있는 대표적인 자양 식품으로 아기의 성장 및 발육에 큰 도움을 준다. 밤의 부드러운 맛에 새송이버섯의 쫄깃한 질감을 더한 수프는 한여름 더위에 지쳤던 아기의 기운을 북돋아 준다.

재료

새송이버섯 ·············· 5g
밤 ························ 50g
닭고기국물 ··········· 1과 1/2컵
쌀가루 ··················· 10g
유기농 분유 ············ 20g

1 새송이버섯은 사방 0.5센티미터 크기로 썰고, 밤도 같은 크기로 썰어 찬물에 담가 둔다.
2 냄비에 닭고기국물 한 컵 반을 붓고 새송이버섯과 밤을 넣어 중간 불에서 끓인다.
3 국물이 1/4 정도로 줄면 물 2큰술에 쌀가루 섞은 것을 넣어서 농도를 맞춘다.
4 분유에 물 2큰술 섞은 것을 넣고 한 번 더 끓인 뒤에 식혀서 그릇에 담아낸다.

견과류 알레르기가 있다면 조심

탄수화물, 단백질, 무기질이 풍부한 밤은 이유식을 하는 아기의 좋은 영양 식품이지만, 집안에 알레르기 병력이 있는 경우라면 조심해서 먹인다.

표고버섯덮밥 완료기

이유식 완료기에 접어들면 아기도 밥에 점차 적응해 간다. 그렇다고 어른과 같이 된밥을 주는 것은 금물. 소화기관이 발달 중인 완료기 아기에게는 수분감이 있는 음식을 주는 것이 기본이다. 소스로 밥을 적셔 먹는 덮밥은 이 시기 아기가 먹기 좋은 요리다.

재료

- 표고버섯 2개
- 당근 5g
- 양파 10g
- 실파 1줄기
- 물 1과 1/2컵
- 유기농 간장 2g
- 쌀가루 10g
- 참기름 1g
- 밥 80g

1. 표고버섯과 당근, 양파는 사방 0.5센티미터 크기로 자르고, 실파는 송송 썬다.
2. 냄비에 물과 표고버섯, 당근, 양파를 넣고 당근이 충분히 익을 정도로 약한 불에서 가열한다.
3. 국물이 1/2컵 정도로 줄면 간장을 넣어 간을 하고, 물 2큰술에 쌀가루 섞은 것을 넣어서 농도를 맞춘다.
4. 3에 썰어 둔 실파를 넣고 한소끔 끓인 다음 불을 끈다. 완성된 덮밥소스에 참기름을 넣는다.
5. 그릇에 밥을 담고 덮밥소스를 얹어서 낸다.

아기에게는 생표고버섯

비타민D는 말린 표고버섯에 더 풍부하지만 단단하고 질겨 장 기능이 발달하지 않은 아기에게는 소화가 쉽지 않다. 이유식에는 생표고버섯을 사용하는 것이 좋다.

10월의 제철 식재료

사과

사과는 대표적인 알칼리 식품으로 비타민C, 칼륨, 무기질, 칼슘 등이 풍부하다. 섬유질도 풍부해서 장을 깨끗하게 하고 위산 분비를 활발하게 해 소화 기능을 좋게 한다. 사과에 많은 비타민C는 혈액을 만들어 내는 조혈 작용을 돕고 철분의 흡수도 좋게 해 준다. 또 감기 예방에도 큰 도움이 되므로 본격적으로 찬바람이 불기 전인 10월에 많이 먹어 두면 좋다.

사과쌀수프 중기

과일 중에서 아이에게 가장 먼저 주게 되는 것이 바로 사과. 사과는 맛도 좋고 향이 강하지 않아 대부분의 아이들이 잘 받아먹는다. 그러나 과일 특유의 단맛 때문에 이유식 초기부터 주면 아이가 단맛에 길들어 다른 음식을 거부할 수 있으니 너무 일찍 주지 않도록 한다.

재료
사과 ······ 15g
분유 ······ 10g
쌀가루 ······ 10g
물 ······ 1컵

1 사과는 껍질과 씨를 제거한 뒤 강판에 곱게 갈아 즙을 내고 분유와 잘 섞는다.
2 냄비에 쌀가루와 물을 넣고 잘 섞이도록 나무주걱으로 저어 가며 끓인다.
3 쌀가루죽이 걸쭉해지면 1의 분유와 섞은 사과즙을 붓고 한 번 더 끓인 다음 불을 끈다.

아기를 위해 플라스틱은 No!

이유식의 조리도구는 나무나 도자기로 만든 것을 사용한다. 이유식을 내거나 보관하는 용기 역시 마찬가지다. 높은 온도에서 유해성분을 만들 수 있는 플라스틱 소재의 도구는 되도록 피하는 것이 좋다.

사과무른밥 (후기)

아기들이 갑자기 설사나 변비로 고생하면 초보 엄마들은 당황하기 일쑤다. 하지만 거의 매일 새로운 음식에 도전하는 아기들에게 배변 변화는 흔히 있을 수 있는 일이니 너무 오래 가지만 않는다면 크게 걱정하지 않아도 된다. 아이에게 설사나 변비 기운이 있다면 병원에 가기 전에 사과로 만든 이유식부터 먹여 보자. 섬유질과 펙틴이 풍부한 사과는 소화 기능을 좋게 해 설사나 변비로 고생하는 아이에게 도움을 준다.

재료

사과	20g
닭 안심	10g
불린 쌀	20g
물	2컵

1 사과는 껍질을 벗긴 다음 사방 0.3센티미터 크기로 다진다.
2 힘줄과 지방, 얇은 막을 제거한 닭 안심은 사방 0.2센티미터 크기로 잘게 다진다.
3 절구에 곱게 빻은 불린 쌀과 다진 닭 안심, 물을 냄비에 넣고 잘 섞은 다음 센 불로 가열하다가 끓기 시작하면 불을 줄인다.
4 쌀알이 푹 퍼질 정도가 되면 다진 사과를 넣는다.
5 나무주걱으로 저어 가며 한소끔 끓인 다음 불을 끄고 식혀서 그릇에 담아낸다.

사과의 고운 색을 유지하려면
사과는 쉽게 갈변하기 때문에 조리하기 직전에 껍질을 벗겨 사용한다.
또, 금속보다는 도자기로 된 강판을 사용하는 것이 좋다.

사과파이 (완료기)

아기 간식으로 좋은 사과파이는 비타민C, 칼륨, 무기질, 칼슘 등 사과에 함유된 풍부한 영양소를 그대로 섭취할 수 있는 좋은 메뉴다. 쌀가루와 닭고기국물을 더해 부족할 수 있는 탄수화물과 단백질도 챙겼다.

재료

사과	50g
닭고기국물	1/2컵
쌀가루	50g
포도씨오일	5g
달걀노른자	1/2개

1 사과는 껍질을 벗겨 사방 0.3센티미터 크기로 썬다.
2 냄비에 사과와 닭고기국물을 넣고 사과가 충분히 익도록 약한 불에서 조린다.
3 쌀가루는 포도씨오일, 달걀노른자와 함께 볼에 넣고 잘 섞어 파이 반죽을 만들고 0.3센티미터 두께로 두 개 밀어 둔다.
4 파이 반죽 위에 2의 조린 사과를 얹는다.
5 파이 반죽을 다시 얹어 덮은 다음 포크로 눌러 잘 여며지도록 한다.
6 160도의 오븐에 넣어서 15분 정도 익힌다.

맛있는 파이를 만들려면

쌀가루의 찰기 때문에 그대로 반죽하면 늘어진다.
쌀가루에 먼저 포도씨오일을 넣어서 섞으면 좀 더 고소하면서 맛있는 파이를 만들 수 있다.

118

사과참다래볶음밥 (완료기)

사과와 함께 참다래 또한 10월이 제철인 과일이다. 외국 과일이라는 선입견 때문에 꺼리는 부모도 있지만 국내에서도 참다래가 생산되고 있으니 생산지만 확인할 수 있다면 안심하고 먹여도 된다. 스트레스를 해소해 주고 체내 순환을 돕는 초록색 참다래와 면역력을 높이고 신진대사를 활성화시키는 붉은 사과로 볶음밥을 만들면 색채 대비가 화려한 이유식이 탄생한다.

재료

사과	30g
참다래	30g
홍피망	10g
다시마국물	1/4컵
밥	80g
유기농 간장	1g
참기름	1g

1 사과와 참다래는 껍질을 벗겨 사방 0.3센티미터 크기로 썰고, 홍피망도 같은 크기로 썬다.
2 팬에 다시마국물과 피망, 밥을 넣고 국물을 졸여 가며 볶는다.
3 국물이 없어지면 잘게 썬 사과, 참다래와 간장을 넣어서 조금 더 볶다가 불을 끄고 참기름을 뿌려 잘 섞는다.

아기에게 특히 좋은 참다래

참다래는 비타민A, C, E와 식이섬유, 칼륨 등이 풍부하다.
지방이나 나트륨이 적어 아기들이 먹기 좋다.

11월의 제철 식재료

연근

연근에는 탄수화물, 식이섬유, 단백, 철분, 비타민C, 리놀레산이 풍부하다. 연근은 빈혈을 예방하고, 염증을 완화하며 신경을 안정시킨다. 특히 지혈 작용을 하므로 코피가 날 때 먹으면 좋다. 진흙 속의 보배로 불리는 다양한 효능의 연근은 아기를 위한 식재료로 손색이 없다. 특히 기침 및 기관지 관련 질병을 막는 데 효과가 있어 환절기 및 겨울철 감기 예방에도 좋은 식품이다.

연근쌀수프 (중기)

연근에는 아기의 몸과 마음을 안정시키고 아토피 피부를 가라앉히는 효과가 있다. 또 비타민C도 풍부하고 기침과 천식을 다스리는 효능도 있으며 알레르기 반응도 거의 없어 아토피가 의심되는 아이들에게도 안심하고 먹일 수 있다.

1 연근은 사방 0.2센티미터 크기로 잘게 다져서 물에 헹군다.
2 냄비에 소고기국물과 연근을 넣고 센 불에서 가열하다가 끓기 시작하면 불을 줄인다.
3 물이 반 정도로 줄고 연근이 부드러워지면, 물 2큰술과 섞은 쌀가루를 넣는다.
4 나무주걱으로 잘 저으면서 충분한 농도를 만들다가 물이 1/2컵 정도로 줄면 불을 끈다.

갈변을 방지하는 연근 손질법
연근은 깨끗이 씻어 껍질을 제거한 후 찬물에 담갔다가 사용한다.
그래야 겉에 있는 전분이 제거되고, 갈변도 방지할 수 있다.

재료
연근	10g
소고기국물	2컵
물	2큰술
쌀가루	15g

연근배진밥 (후기)

소화를 촉진하는 배와 식이섬유를 많이 함유하고 있는 연근이 만나면 위에 부담이 적은 이유식이 완성된다. 연근의 아삭하게 씹히는 식감이 살아 있어 아이들의 저작 기능 향상에도 효과가 있다.

재료

연근	10g
배	10g
불린 쌀	20g
다시마국물	2컵

1. 연근은 껍질을 벗긴 다음 사방 0.3센티미터 크기로 썰고, 배도 껍질과 씨를 제거하고 같은 크기로 썬다.
2. 냄비에 연근과 불린 쌀, 다시마국물을 넣고 센 불로 가열하다 끓기 시작하면 중간 약한 불로 줄인다.
3. 쌀알이 충분히 퍼지고 밥물이 거의 없어지면 잘게 썬 배를 넣고 1분 정도 더 끓인 다음 불을 끈다.

영양으로 가득 찬 배

배의 주성분은 탄수화물이다. 하지만 나트륨, 칼륨, 마그네슘이 풍부하고, 비타민B_1, B_2가 많아 한창 성장하는 아이들에게 좋다.

연근닭고기조림덮밥 완료기

차가운 성질을 지닌 연근은 이뇨 작용을 돕고 피를 맑게 해 준다. 닭고기는 연근과 반대인 따뜻한 성질의 식재료로 두 재료를 함께 넣어 요리하면 서로의 기능을 보충하면서 맛도 살릴 수 있다.

1 연근은 껍질을 벗긴 다음 강판에 간다. 닭 안심과 파프리카는 사방 0.5센티미터 크기로 썬다.
2 냄비에 연근, 닭 안심, 물을 넣어 끓이고 간장으로 간을 한다. 국물이 반으로 줄면 물 1큰술에 쌀가루 섞은 것을 넣어 농도를 맞춘다.
3 국물이 자작해지면 불을 끄고 참기름, 파프리카를 넣어 덮밥소스를 완성한다.
4 그릇에 밥을 담고 그 위에 덮밥소스를 끼얹어서 낸다.

비타민 캡슐 파프리카는 기름과 함께

파프리카는 비타민의 보고, 비타민의 제왕, 비타민 캡슐이다. 비타민A, C와 베타카로틴이 풍부한 파프리카는 과일보다 단맛이 적고 매운맛이 없어 아기에게 먹이기 적당하다. 지용성인 비타민A를 함유하고 있으므로 소량의 기름을 넣고 조리하면 좋다.

재료

연근	20g
닭 안심	30g
청·홍파프리카	10g
물	1컵
유기농 간장	2g
쌀가루	5g
참기름	1g
밥	80g

연근탕수 완료기

쌀가루와 달걀을 이용해 영양 균형도 맞추고, 사과즙 드레싱을 끼얹어 소화에도 좋은 연근탕수는 아이들 간식으로 좋은 메뉴다. 한입 크기로 만들거나 두세 번에 나누어 깨물어 먹을 정도의 크기로 만든다.

재료
- 연근 40g
- 달걀 1/2개
- 쌀가루 20g
- 포도씨오일 5g
- 사과즙 4큰술
- 물 1/4컵

1. 연근은 껍질을 벗겨 강판에 곱게 간 다음 달걀, 쌀가루와 함께 섞어 반죽한다.
2. 포도씨오일을 두른 팬에 연근 반죽을 지름 2센티미터 정도로 떠서 굽는다.
3. 강판에 사과를 갈아 사과즙을 낸다.
4. 냄비에 사과즙과 물을 넣고 물이 거의 없어질 정도로 자작하게 끓여 사과소스를 만든다.
5. 2의 연근전을 그릇에 담고 사과소스를 얹어서 낸다.

탕수육은 천연 소스로
설탕이나 꿀보다 천연의 단맛이 들어간 재료로 탕수육소스를 만든다. 이유식에 들어가는 각종 드레싱과 소스는 되도록 천연 재료를 사용하는 것이 좋다.

Chapter 6

몸속까지 든든한 겨울 이유식

겨울에는 활동량이 줄고, 체내 순환이 원활하지 못해 체력이 떨어지고 감기 등 잔병에 걸리기 쉽다. 따라서 아이들의 건강관리에 각별히 신경을 써야 한다. 겨울 채소들은 땅의 기운을 함유하고 있어 음식을 통해 에너지를 보강할 수 있고, 맛도 담백하다. 당근, 시금치, 브로콜리, 우엉, 호두, 귤 등 가을부터 겨울까지 제철인 식재료와 봄동이나 달래 등 새봄이 오기 전에 맛볼 수 있는 신선한 나물도 건강 증진을 돕는다.

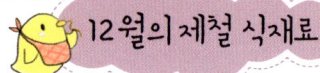

12월의 제철 식재료

흰 살 생선

흰 살 생선은 등 푸른 생선에 비해 비린 맛이 덜하고 담백한 맛을 낸다. 또 단백질은 많지만, 지방은 적어 소화에 좋다. 가자미, 도미, 조기, 생태 등의 흰 살 생선에는 비타민A도 풍부하다. 흰 살 생선은 시력을 좋게 하고 각종 염증에도 효과가 있는 것으로 알려져 있다. 겨울은 명태를 필두로 도미, 조기, 가자미, 대구, 광어 등 흰 살 생선이 많이 잡히는 철이라 저렴한 값으로 싱싱한 생선을 즐기기 좋다.

흰살생선죽 (중기)

통통하게 살이 오른 흰 살 생선은 아기들의 단백질 보충을 위한 중요한 식재료. 이왕이면 종류별로 다양한 죽을 만들어 주면 감각 발달에도 좋고 아이들도 질려 하지 않는다. 생선죽을 먹고 아토피나 알레르기 증상이 일어난다면 생선이 들어간 음식은 돌 이후로 미루도록 한다.

1. 흰 살 생선살은 사방 0.2센티미터 크기로 자른다.
2. 불린 쌀은 절구에 곱게 빻는다.
3. 냄비에 채소국물과 생선살, 쌀을 넣고 센 불로 가열하다가 끓기 시작하면 불을 줄인다.
4. 쌀알이 충분히 퍼지고 으깨질 정도가 되면 불을 끄고 식혀서 그릇에 담아낸다.

쌀은 충분한 시간을 들여 불리기
죽을 만들 때, 쌀을 깨끗하게 씻어 물에 담그거나 체에 밭쳐 30분 정도 두었다가 절구에 빻으면 수용성 영양 성분의 유실을 줄일 수 있다.

재료
- 흰 살 생선살 ········· 10g
- 불린 쌀 ············· 15g
- 채소국물 ············ 2컵

흰살생선양송이버섯진밥 (후기)

이유식 후기인 9~11개월에 접어들면 능숙하게 기어 다니고 서서히 서는 연습을 시작하며 여기저기 상처가 늘어난다. 또 공간과 거리에 대한 개념을 다지는 단계이므로 시각적인 정보 처리도 많아진다. 이럴 때 시력을 좋게 하고, 염증을 빨리 낫게 하는 흰 살 생선은 보약과도 같은 이유식이다. 흰 살 생선과 맛이 담백한 버섯류를 함께 조리하면 좋은 식궁합을 이룬다.

재료

- 흰 살 생선살 ······ 15g
- 양송이버섯 ······ 5g
- 불린 쌀 ······ 20g
- 물 ······ 2컵

1. 흰 살 생선살은 사방 0.3센티미터 크기로 자르고, 양송이버섯은 껍질을 제거하고 생선살과 같은 크기로 썬다.
2. 냄비에 불린 쌀과 생선살, 양송이버섯, 물을 넣고 센 불로 가열하다가 끓기 시작하면 약한 불로 줄인다.
3. 쌀알이 손으로 으깨질 정도로 익고 국물이 거의 없어지면 불을 끄고 식힌 다음 그릇에 담아서 낸다.

양송이버섯은 껍질을 벗겨서

양송이버섯은 껍질이 질기므로 이를 벗긴 다음 조리한다. 양송이버섯은 트립신, 아밀라아제, 프로테아제 등의 소화효소가 풍부해 소화 기능에 큰 도움이 된다.

흰살생선채소국밥 _{완료기}

의사소통이 가능한 완료기에 이르러서도 유난히 부산스럽고 밤에 잠도 잘 깨며 울음이 많다면 가바가 부족하다는 증거다. 우는 아이를 달래는 '평온한 아미노산'인 가바가 많이 든 흰 살 생선을 자주 먹이면 점차 안정을 되찾아 가는 모습을 볼 수 있을 것이다. 흰 살 생선에 아삭하게 씹히는 청경채와 달고 색이 진한 당근을 섞으면 맛도 색상도 좋아진다.

재료

- 흰 살 생선살 30g
- 청경채 10g
- 양파 10g
- 당근 5g
- 다시마국물 1과 1/2컵
- 밥 60g

1 흰 살 생선살, 청경채, 양파는 사방 0.5센티미터 크기로 썰고, 당근은 사방 0.3센티미터로 썬다.
2 냄비에 다시마국물을 붓고 생선살, 당근, 양파를 넣어서 끓인다.
3 국물이 반으로 줄면 청경채를 넣고 좀 더 끓이다가 국물이 1/2컵 정도로 줄면 불을 끈다.
4 그릇에 밥을 담고 3의 국물을 같이 담아서 낸다.

면역력과 세포 기능을 높이는 청경채

청경채는 칼슘, 칼륨, 비타민A, C가 풍부한데 특히 비타민A 중 베타카로틴의 함량이 높다. 베타카로틴은 질병에 대한 면역력을 높여 주고, 비타민C는 신진대사를 촉진하고 세포 기능을 강화해 준다.

흰살생선당근조림 (완료기)

당근을 꺼리며 먹지 않는 아이들이 많은데, 요리할 때 아주 잘게 썰어 사용하거나 조림장으로 만들어 음식에 끼얹으면 쉽게 먹일 수 있다. 흰 살 생선에 함께 내는 당근조림장은 맛이 달고 색이 예뻐 아이들이 덜어 내지 않고 잘 먹는다.

재료
- 흰 살 생선살 ········· 80g
- 참기름 ················· 1g

당근조림장
- 당근즙 ················· 30g
- 유기농 간장 ··········· 2g
- 물 ······················ 1컵

1. 당근은 강판에 곱게 갈아 즙을 내고, 간장과 물을 섞어 조림장을 만든다.
2. 생선살이 담긴 냄비에 1의 조림장을 넣어 센 불에서 가열하다가 국물이 끓으면 중간 불로 줄인다.
3. 국물이 자작해지면 불을 끄고 참기름으로 마무리한 뒤 그릇에 담아낸다.

간장과 설탕은 되도록 적게

염분과 당분은 아기에게 좋지 않다. 이유식을 만들 때는 되도록 간장이나 설탕을 사용하지 않거나 소량만 넣어 조리한다.

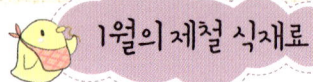

1월의 제철 식재료

당근

당근은 탄수화물, 칼륨, 비타민A, B, C, 칼슘, 인, 식이섬유 등을 함유하고 있고 맛이 순해서 이유식 재료로 좋다. 당근을 충분히 먹으면 면역력이 높아지고 시력이 보호된다. 당근은 특히 베타카로틴의 보고로 알려져 있는데, 베타카로틴은 몸에 들어가서 비타민A로 변한다. 이 비타민A는 체내 세포를 튼튼하게 해 주어 특히 성장 발달이 빠른 아기들에게 좋다.

당근죽

이유식 중기에 이르면 젖니가 나며 잇몸이 근지러워져 자꾸 입에 무언가를 갖다 대며 씹고 싶어 한다. 이때 무르지만 잇몸과 혀로 으깰 수 있는 덩어리가 들어간 죽을 주면 조금씩 씹어 먹는 흉내를 내며 즐겁게 먹는다. 익어서 물컹해진 당근은 이 시기 아이들에게 좋은 식품이다.

재료

- 당근 … 5g
- 다진 소고기 … 5g
- 불린 쌀 … 15g
- 물 … 2컵

1 당근은 껍질을 벗겨 사방 0.2센티미터 크기로 자르고, 다진 소고기는 좀 더 곱게 다진다.
2 불린 쌀은 절구에 곱게 빻아서 다진 소고기, 물과 같이 냄비에 넣고 잘 섞으며 센 불에서 가열한다.
3 끓기 시작하면 당근을 넣고 약한 불로 줄인다.
4 쌀알이 손으로 으깨지고 겉물이 돌지 않으면 불을 끄고 식힌 다음 그릇에 담아낸다.

당근의 베타카로틴을 최대한 섭취하려면

당근에 가득 차 있는 베타카로틴은 기름으로 조리하면 생으로 먹는 것보다 체내 흡수율이 7배나 높아진다. 당근으로 이유식을 만들 때는 소고기와 같이 조리하여 소고기에서 나오는 약간의 지방으로 베타카로틴의 흡수를 돕는 것이 좋다.

당근닭살경단 (후기)

당근은 에너지를 효과적으로 공급해 주어 원기 회복에 좋은 식품이라 많은 이유식에 폭넓게 쓰인다. 필수아미노산이 풍부한 닭가슴살에 당근을 넣어 빚은 경단은 감기를 막고 추위로 소모된 체력을 보충하는 겨울철 보양식이다.

1. 당근은 껍질을 벗겨 강판에 갈고, 양파는 곱게 다진다.
2. 팬에 채소국물 1/2컵과 당근, 양파를 넣고 끓인다.
   당근이 충분히 익고 국물이 거의 없어지면 접시에 덜어서 식힌다.
3. 닭가슴살은 잘게 다져서 쌀가루, 2의 재료들과 잘 섞는다.
   이 반죽으로 지름 1.5센티미터 정도의 완자를 빚는다.
4. 팬에 채소국물 1/2컵과 완자를 넣고 완전히 익을 때까지 끓인다.

재료
당근	10g
양파	10g
채소국물	1컵
닭가슴살	40g
쌀가루	5g

경단을 부드럽게 하려면
경단을 익힐 때는 그냥 찌는 것보다, 끓는 물에 넣은 뒤 약한 불에서 익히면 훨씬 부드러워진다.

당근정어리주먹밥 (완료기)

한입 크기로 만든 주먹밥은 아이들이 좋아하는 메뉴. 단백질이 풍부한 정어리와 맛이 달콤한 당근은 궁합이 잘 맞는 식재료다. 특히 당근은 기름에 볶으면 소화율과 흡수율이 모두 높아지므로 이유식을 만들 때 아주 작은 크기로 자르고 볶아서 사용하면 좋다.

재료

- 당근 ········· 10g
- 정어리살 ········· 30g
- 올리브오일 ········· 2g
- 채소국물 ········· 4큰술
- 참기름 ········· 1g
- 밥 ········· 60g
- 김가루 ········· 3g
- 깨가루 ········· 1g

1 당근은 사방 0.3센티미터 크기로 다지고, 정어리살은 포를 뜨고 껍질을 벗겨 사방 0.5센티미터 크기로 자른다.
2 올리브오일을 두른 팬에 당근과 정어리살을 넣고 볶다가 채소국물을 부어 당근이 충분히 익을 때까지 가열한다. 팬에 국물이 거의 없어지면 불을 끄고 참기름을 넣고 섞는다.
3 볼에 2와 밥을 같이 넣고 잘 버무린다.
4 버무린 밥이 식으면 김가루와 깨가루를 넣고 지름 2센티미터 정도의 주먹밥을 만든다.

조금만 주의하면 완벽한 영양 덩어리, 정어리

정어리는 오메가3지방산, 비타민, 무기질이 풍부하고 단백질도 많다. 이유식 초반에 먹는 것은 자제해야 하지만, 완료기에 자주 먹이면 성장 발육에 매우 좋다. 단, 아토피가 있다면 조금씩 먹여 아이의 반응을 살핀 다음 양을 늘린다.

당근푸딩

당근은 피로 해소와 간 기능 개선에 좋은 식재료로, 죽이나 수프 등으로 만들어 이유식을 해 주면 평소보다 많이 먹일 수 있다. 당근 푸딩은 식감이 부드럽고 맛있어 아이들에게 간식으로 해 주기 좋은 음식이다.

재료

당근 ·················· 20g
사과 ·················· 10g
달걀 ·················· 1개
유기농 우유 ········· 30g

1. 당근은 껍질을 벗겨 강판에 곱게 갈고, 사과는 껍질을 벗겨 사방 0.3센티미터 크기로 자른다.
2. 볼에 달걀과 우유를 넣고 잘 섞은 다음 체에 거르고, 1의 당근과 사과를 섞는다.
3. 그릇에 2의 재료를 담아 김이 오른 찜통에 넣고 약한 불에서 찐다.

푸딩은 약한 불로

푸딩이란 우유, 젤라틴, 과일 등을 넣어서 스팀이나 오븐에 찐 것으로 부드러운 식감이 특징이다. 조리할 때 불이 세면 재료가 부풀어 올라 맛이 거칠어지므로 아주 약한 불에서 부풀지 않도록 찐다.

141

2월의 제철 식재료

시금치

시금치는 대표적인 녹황색 채소로 단백질, 탄수화물, 칼슘, 철, 인, 베타카로틴, 비타민B_2, 비타민C, 나이아신 등이 다른 채소에 비해 풍부하게 들어 있다. 시금치의 철분은 빈혈 예방에 좋은데, 특히 엽산이 많아 철분 흡수를 도와준다. 뿌리의 붉은 부분은 항산화 효과가 있으니 버리지 말고 잎과 함께 모두 먹는 것이 좋다. 길이가 짧고 통통하며 색깔이 선명한 초록색을 띠는 것이 신선하다.

시금치죽 (중기)

태내에서 받은 면역력과 영양분이 슬슬 떨어질 시기인 생후 6~7개월 즈음에는 이유식으로 부족한 영양을 채워 줘야 건강을 지킬 수 있다. 시금치에는 철분이 풍부해 성장을 돕고 빈혈을 막아 주며, 엽산을 함유하고 있어 두뇌 발달에 도움을 준다. 시금치나 당근 등 색깔이 있는 이유식을 주면 간혹 아이들이 식재료와 같은 색의 변을 보기도 하는데 아이의 식욕이 정상적이라면 큰 질병이 아니니 걱정하지 않아도 된다.

재료
- 데친 시금치 ······ 10g
- 당근 ······ 5g
- 불린 쌀 ······ 15g
- 닭고기국물 ······ 2컵

1 데친 시금치와 당근은 사방 0.2센티미터 크기로 곱게 다진다.
2 불린 쌀은 절구에 곱게 빻아 닭고기국물, 당근과 같이 냄비에 넣고 센 불로 가열한다.
3 끓기 시작하면 불을 줄이고 쌀알이 충분히 퍼지도록 끓인다.
4 재료들이 충분히 익고 겉물이 돌지 않을 정도가 되면 다진 시금치를 넣고 1분 정도 끓인 다음 불을 끈다.

시금치는 끓는 물에 살짝 데쳐서
시금치는 반드시 끓는 물에 살짝 데쳐 사용한다.
시금치를 데치면 유기산이 내는 특유의 떫은맛이 없어진다.

시금치영양죽 (후기)

아이들이 의외로 싫어하며 뱉어 내는 음식 중 하나가 시금치다. 시금치를 가리는 아이라면 처음에 재료를 준비할 때 최대한 잘게 썰어 눈에 보이지 않도록 한다. 시금치의 뿌리에는 많은 영양소가 있으니 뿌리도 함께 요리하는 것이 좋다.

재료

- 데친 시금치 ········· 10g
- 무 ················· 10g
- 다시마국물 ·········· 2컵
- 불린 쌀 ············· 20g
- 호두가루 ············ 5g

1. 데친 시금치와 무는 사방 0.3센티미터 크기로 썬다.
2. 냄비에 무와 다시마국물, 불린 쌀을 넣고 센 불로 가열하다가 끓기 시작하면 중간 약한 불로 줄여 쌀알을 충분히 익힌다.
3. 국물이 1/4 정도로 줄면 잘게 썬 시금치를 넣고 약간만 더 끓이다가 호두가루를 넣고 불을 끈다.

호두는 마지막에

호두에는 불포화지방산이 많아 오랫동안 끓이면 좋지 않은 맛이 난다. 호두가 들어간 죽을 끓일 때는 죽이 거의 다 되었을 때 넣는 것이 좋다.

시금치롤 (완료기)

이유식의 단골 재료인 시금치는 이유식 초기부터 완료기까지 두루두루 쓰이는 활용 만점의 식재료. 시금치의 철분과 엽산은 빈혈 예방에도 효과가 있으며 섬유소가 풍부해 아이의 변비를 낫게 한다. 또한 시금치에 다량으로 든 엽록소는 혈액과 세포를 만들어 주고 항알레르기 작용을 해 혈액도 맑게 해 준다.

1. 데친 시금치는 사방 0.3센티미터로 썰고 팬에 살짝 볶아서 식힌다. 홍피망도 시금치와 같은 크기로 썬다.
2. 팬에 다진 소고기와 다시마국물, 홍피망을 넣고 볶는다.
3. 볼에 시금치, 밥, 김가루, 참기름을 넣고 잘 섞은 다음 김발에 비닐을 깔고 그 위에 밥을 올린다.
4. 2의 볶은 재료를 3의 밥 가운데 올리고 김발을 말아 먹기 좋은 크기로 썰어서 낸다.

재료
- 데친 시금치 ······ 30g
- 홍피망 ······ 10g
- 다진 소고기 ······ 10g
- 다시마국물 ······ 2큰술
- 따뜻한 밥 ······ 60g
- 김가루 ······ 1/2장분
- 참기름 ······ 2g

김을 먹고 쑥쑥 자라자
김은 맛이 달고 성질은 차다. 김에는 단백질과 탄수화물이 풍부하고 카로틴, 칼륨, 철분, 칼슘, 비타민B$_1$, 나이아신 등이 고루 들어 있어 아기의 성장에 많은 도움을 준다.

시금치오믈렛 (완료기)

치즈, 달걀을 넣어 만든 오믈렛은 식감이 부드럽고 맛있어 아이들이 좋아한다. 시금치나 양파 이외에 애호박이나 당근, 연근 등 집에 있는 다양한 채소를 잘게 썰어서 함께 넣으면 더욱 좋다. 치즈와 우유처럼 소화하기 버거운 음식이 들어 있으므로 완료기에 막 접어든 아이보다 18개월을 넘긴 아이에게 주도록 한다.

재료
- 데친 시금치 …… 30g
- 양파 …… 15g
- 달걀 …… 1개
- 유기농 우유 …… 30ml
- 유기농 아기치즈 …… 1/4장
- 올리브오일 …… 5g

1. 데친 시금치와 양파는 사방 0.3센티미터 크기로 자른다.
2. 볼에 달걀과 우유를 풀고 시금치, 양파, 잘게 썬 치즈를 넣어 잘 섞는다.
3. 올리브오일을 두른 팬에 2의 재료를 넣고 볶은 다음, 먹기 좋은 모양으로 그릇에 담아낸다.

이유식엔 아기용 치즈를
이유식엔 반드시 아기용 치즈를 사용한다. 천연 재료로 만든 아기용 치즈는 염분이 적고 칼슘과 단백질이 풍부해서 성장기 아기의 골격 형성을 돕는다.

제철 음식으로 척척!
우리 아이 열두 달 자연 이유식

펴낸날　초판 1쇄 2010년 10월 18일

지은이　윤승일
펴낸이　심만수
펴낸곳　(주)살림출판사
출판등록　1989년 11월 1일 제9-210호

경기도 파주시 교하읍 문발리 파주출판도시 522-1
전화　031) 955-1350　　팩스　031) 955-1355
기획·편집　031) 955-4676
http://www.sallimbooks.com
lohas@sallimbooks.com

ISBN 978-89-522-1470-6　13590

* 값은 뒤표지에 있습니다.
* 잘못 만들어진 책은 구입하신 서점에서 바꾸어 드립니다.

책임편집　허슬기